www.tredition.de

GEMEINDEN

OHNE SEELSORGER

BAND II

GEBETSBUCH

Zum Gebrauch in Familie und Kirche

Herausgegeben im Auftrag
von
BISCHOF KONRAD MARTIN, PADERBORN

Mit kirchlicher Approbation

Paderborn, 1876
Druck u. Verlag der Junfermann'schen Buchhandlung
(J. C. Pape Wwe)

© 2021 Neuauflage, Rosa Hofer
Verlag & Druck: tredition GmbH, Halenreie 40-44,
22359 Hamburg

978-3-7497-3734-5 (Paperback)
978-3-7497-3735-2 (Hardcover)
978-3-7497-3736-9 (e-Book)

SEHT HIER MEIN HERZ,
WELCHES DIE MENSCHEN SO SEHR GELIEBT HAT

„BETET OHNE UNTERLASS!"
1 Thess 5, 16

„WO ZWEI ODER DREI
IN MEINEM NAMEN VERSAMMELT SIND,
DA BIN ICH MITTEN UNTER IHNEN."
Mt 18,20

Inhaltsverzeichnis

Trost- und Mahnworte

Vielgeliebte in Christo! „Wie lange noch, o Herr, wie lange?" so habt ihr wohl schon oftmals geseufzt. Wann endlich wird die Stunde schlagen, wo wieder ein Priester in unsere Mitte einzieht, um in unserer Kirche das hl. Opfer darzubringen und uns Verlassene mit den Tröstungen der hl. Religion zu beglücken? Doch habet Geduld, bewahret die Hoffnung und das Vertrauen! Gottes Ratschlüsse sind unerforschlich und gerecht sind seine Wege. Viertausend Jahre lang mußten die Gerechten der Vorzeit auf die Ankunft des Erlösers harren; vierhundert Jahre dauerte der Aufenthalt des Volkes Israel in Ägypten, vierzig Jahre der Zug in der Wüste, siebzig Jahre die babylonische Gefangenschaft; dreißig Jahre lang erduldete der göttliche Heiland Armut, Verachtung und Verfolgung in seinem Erdenwandel, dreihundert Jahre hindurch ließ er im Anfange die in seinem Blut gestiftete Kirche den bittersten Leidenskelch trinken. Dürfen wir uns da wundern, wenn die Kirche und wir selbst jetzt einige Jahre lang Trübsal leiden? Und lebt denn der alte Gott nicht mehr, jener starke und treue Gott, der sein auserwähltes Volk im Alten Bunde so oftmals aus seinen Bedrängnissen errettet, der die Kirche des Neuen Bundes zu allen Zeiten so väterlich geliebt, beschützt und wunderbar erhalten hat?

Die gegenwärtige Heimsuchung ist eine Züchtigung und eine Prüfung. Sie ist eine wohlverdiente Züchtigung für die unerhörte Lauigkeit und Undankbarkeit, womit wir Gott in den Tagen des Glückes beleidigt haben. So viele, viele Katholiken wussten den Wert des Priesters nicht zu schätzen: das hl. Meßopfer, die Predigt, die Sakramente wurden vernachlässigt. Jetzt erkennt ihr, was ihr verloren, jetzt hungert und durstet ihr nach jener himmlischen Speise, woran ihr früher so wenig Geschmack fandet. Darum klaget euch reumütig vor dem Herrn eures Undankes, eurer Unwürdigkeit an. Sprechet: „Unsere Vergehen und unsere Sünden sind auf uns, und in diesen schmachten wir dahin. Wir haben gesündigt, wir haben Bosheit verübt, wir haben gottlos gehandelt und sind abgewichen vom Herrn!" Ez. 33. Dan. 9. Diese Heimsuchung ist aber auch eine Prüfung, und zwar für die ganze Kirche, für die frommen und auch für alle bußfertigen Gläubigen. Der Herr will seine Kirche aus dieser Trübsal zum herrlichsten Triumphe führen, um dadurch vor aller Welt ihre Göttlichkeit erstrahlen zu lassen. Seine Auserwählten aber prüft er, wie das Gold im Feuer, zur Bewährung ihrer Treue und zur Vermehrung ihrer dereinstigen himmlischen Glorie. „Weil du angenehm warst vor Gott, sprach der Engel Raphael zu Tobias, darum war es notwendig, daß die Prüfung dich bewähre." Tob. 12. Darum tröstet euch! Nicht um euch zu verderben, sondern um euch zu retten und eure Verdienste zu vermehren, läßt Gott diese Leiden über euch kommen. Stehet fest, wanket nicht, zaget nicht! Der Himmel blickt mit Wohlgefallen auf eure Treue herab. Die heilige Kirche hat euch ganz besonders in ihr Herz eingeschlossen. Ihr seid ihre Schmerzenskinder, aber auch ihr Trost. Eure heilige Mutter grüßt euch mit den Worten des Apostels Paulus: „Meine geliebtesten und ersehntesten Kinder, meine Freude und Krone! stehet fest im Herrn, Geliebteste!" Phil. 3. Ja, stehet fest im Glauben, wachset in der Liebe, bringet würdige Früchte der Buße! Dann wird eure Traurigkeit in Freude, eure Entbehrung in reichsten Segen verwandelt werden; denn „die in Tränen säen, werden in Freuden ernten." Ps. 125. Für das Übrige lasset Gott sorgen, der zur rechten Zeit die Hilfe bringen wird.

Wenn die Herde ihren Hirten verloren, dann ist das eine günstige Gelegenheit für Diebe und Räuber. Hütet euch vor falschen Propheten, welche vielleicht mit gleißnerischen Reden oder verfänglichen Schriften euch euren katholischen Glauben zu rauben versuchen. Eine unbewachte Herde ist den Angriffen reißender

Tiere ausgesetzt. Die wilden Tiere der Unterwelt, die höllischen Geister haben es auf euch abgesehen. Euch namentlich gilt das Wort des hl. Petrus: „Brüder, seid nüchtern und wachet: denn euer Widersacher, der Teufel geht umher wie ein brüllender Löwe, suchend, wen er verschlingen möge; ihm widerstehet standhaft im Glauben!" 1 Petr 5. Ohne eure Einwilligung kann der Teufel euch nichts anhaben: aber er stellt überall seine Netze auf, er legt Fußangeln und lauert, ob ihr nicht freiwillig hineinlauft, um alsdann über euch herzufallen und euch zu erwürgen. Diese Netze und Fußangeln sind insbesondere die sündhaften Gelegenheiten, z. B. Tanzlustbarkeiten, einsame Zusammenkünfte, nächtliche Bekanntschaften. O fliehet sie! Eltern, Herrschaften, Meister und Vorgesetzte: haltet eure Kinder, eure Untergebenen davon zurück! Ihr traget jetzt eine viel größere Verantwortlichkeit, es wartet auf euch ein viel strengeres Gericht, ein Gericht ohne Schonung und Erbarmen, wenn durch eure Schuld eine euch anvertraute Seele verloren geht. Wenn ihr aber jetzt eure Pflichten treu erfüllt und die Seelen eurer Kinder, eurer Untergebenen vor dem Verderben bewahrt, dann werdet ihr an Gott einen gnädigen Richter und einen unendlich freigebigen Vergelter finden.

Die göttliche Barmherzigkeit gleicht einem unermeßlichen Meer, worin Gnaden in Überfluß sind für alle, die danach verlangen. Mag auch der Zutritt zu den ordentlichen Gnadenkanälen, den hl. Sakramenten euch jetzt sehr erschwert, ja unter Umständen unmöglich sein: keine Macht kann Gott den höchsten Herrn hindern, euch dennoch seine Gnade zufließen zu lassen, gleichwie keine Macht ihn hindern kann, Tau und Regen auf die Erde zu senden, wohin und wieviel er will. Aber Gott will um seine Gnade gebeten sein. Darum ist die Pflege des Gebetes namentlich für euch von der allergrößten Wichtigkeit. „Das Gebet des Gerechten, sagt der hl. Augustinus, ist ein Schlüssel zum Himmel." Wenn ihr dieses Gnadenmittel eifrig benutzt, dann braucht ihr vor der ganzen Hölle nicht bange zu sein; wer dasselbe aber vernachlässigt, setzt seine Seele der größten Gefahr aus. Jeder von euch mache es sich in diesen schweren Zeiten zum unverbrüchlichen Gesetze, sein Morgen- und Abendgebet treu zu verrichten. Wem seine Arbeiten zu andern mündlichen Gebeten wenig oder keine Zeit lassen, der erneuere tagsüber öfters die gute Meinung; dadurch wird das ganze Tagewerk zu einem ununterbrochenen Gebet und angenehmen Brandopfer vor Gott. Betet in Versuchungen, wenn ihr in eine Sünde gefallen, wenn Traurigkeit oder andere Leiden euer Herz beschwert; ganz besonders betet in Krankheit und Todesgefahr! Eure Gebete seien andächtig, vertrauensvoll, beharrlich: dann ist die Erhörung gewiss.

Eine besondere Verheißung hat das gemeinschaftliche Gebet. „Wo zwei oder drei in meinem Namen versammelt sind, da bin ich mitten unter ihnen." Mt. 18, 20. Möge doch in allen Familien bei euch, wo seither keine gemeinschaftliche Hausandacht stattfand, diese schöne Sitte jetzt eingeführt werden! In jedem Hause sei gemeinschaftliches Abendgebet, woran alle teilnehmen. Sollten am Morgengebete nicht alle sich beteiligen können, dann sollen wenigstens die Kinder und die nicht Verhinderten zusammen beten.

Im gegenwärtigen Büchlein findet ihr eine Sammlung eigens für eure Verhältnisse ausgewählter Gebete für Kirche und Haus. Dieselben sind größtenteils aus den kirchlichen Ablaßgebeten, dem Brevier, Missale und der Heiligen Schrift entnommen: alles aber, was aus diesen Schatzkammern kommt, ist echtes gediegenes Gold. Einen besonderen Wert haben für euch, denen so viele Gnadenquellen abgeschnitten sind, die mit Ablässen verbundenen Gebete. „Die mit Ablässen versehenen Gebete, sagt der gelehrte und fromme P. Faber, haben verschiedene Vorteile. Wir sind versichert, daß sie von der Kirche gutgeheißen, ja mehr als gutgeheißen sind, indem sie dieselben überdies noch mit Ablässen begnadigt hat. Wir wissen, daß unzählige fromme Seelen sie jeden Tag gebrauchen, und indem wir uns mit ihnen vereinigen, gehen wir tiefer ein in die Gemeinschaft der Heiligen und in das Leben der Kirche, welches ihre Einheit ist. Diese Gebete leiten uns an, in einer Weise und um Dinge zu beten, welche die Kirche verlangt. Wir erreichen durch die Ablaßgebete mehrere Zwecke auf einmal: denn indem wir sie gebrauchen, beten wir nicht bloß, sondern wir verehren auch die Schlüsselgewalt der Kirche, wir ehren Jesus, seine göttliche Mutter und die Heiligen, wir werden frei von unseren zeitlichen Strafen, oder, was noch mehr ist, wir erlösen die Seelen des Fegfeuers und erfreuen Gott." Letzteres, die Erlösung der Armen Seelen durch die heiligen Ablässe, muß euch umso mehr angelegen sein, da ihr kein Meßopfer mehr habt.

Die Meßandachten sind nach der Ordnung des römischen Missale, wonach der Priester die heilige Messe feiert, eingerichtet und auf die Dauer eines Hochamtes berechnet. Sie können aber leicht auf die Dauer einer stillen Messe abgekürzt werden, indem man auf den Eingang gleich die Opferung, auf die Präfation die Wandlung, auf die Kommunion den Segen und Schluß folgen läßt mit Auslassung der dazwischenliegenden Teile. In dieser abgekürzten Form könnte mit großem Nutzen auch an Wochentagen die Meßandacht gehalten werden.

Ebenso können die Nachmittagsandachten nach Bedürfnis abgekürzt und auch als Hausandacht in der Familie oder von Einzelnen gebraucht werden. Die in der Gemeinde von früher üblichen Bruderschaftsandachten bleiben; man kann dann aber abwechselnd auch eine Andacht aus diesem Büchlein nehmen. Jeder Einzelne kann alle diese Andachten, und insbesondere die Ablaßgebete, auch für sich allein verrichten. Benutzet denn eifrig und mit frommem Sinne, was euch hier geboten wird. Ihr werdet alsdann in steter lebendiger Vereinigung mit dem Opfer, dem Gebete und den Gnaden der heiligen Kirche bleiben. Daß übrigens diejenigen, welche an Sonn- und Feiertagen auswärts eine heilige Messe hören können, diese Pflicht in keiner Weise, weder durch Hausandacht noch durch Teilnahme am Laiengottesdienste in der Kirche zu ersetzen vermögen, versteht sich von selbst und sei hier nur noch einmal in Erinnerung gebracht.

Noch ein Trost für euch. In jeder Messe bringt der Priester vor der Wandlung das hl. Opfer Gott dar „für alle Rechtgläubigen und Bekenner des katholischen und apostolischen Glaubens." Ihr seid also in alle hl. Messen eingeschlossen: von tausend und tausend Altären steigen alle Tage auch für euch Gebete und Opfer zum Himmel hinauf. Auch wird außerdem noch viel für euch gebetet.

Nun lebet alle wohl in den heiligsten Herzen Jesu und Mariä! „Seid stark im Herrn und in der Macht seiner Kraft. Ziehet an die Waffenrüstung Gottes, damit ihr bestehen könnet gegen die Nachstellungen des Teufels: denn wir haben nicht bloß zu kämpfen wider Fleisch und Blut, sondern wider die Oberherrschaften und Mächte, wider die Beherrscher der Welt in dieser Finsternis, wider die Geister der Bosheit in der Luft. Darum ergreifet die Waffenrüstung Gottes, damit ihr am bösen Tage widerstehen und in allem unverletzt aushalten könnet. Stehet denn, eure Lenden umgürtet mit Wahrheit, und angetan mit dem Panzer der Gerechtigkeit, und beschuhet an den Füßen mit der Bereitschaft für das Evangelium des Friedens. Vor allem ergreifet den Schild des Glaubens, mit welchem ihr alle feurigen Pfeile des bösen Feindes auslöschen könnt: und nehmet den Helm des Heiles und das Schwert des Geistes, welches ist das Wort Gottes. Mit allem Gebete und Flehen betet zu aller Zeit im Geiste, und wachet darin in aller

Beharrlichkeit und in Fürbitte für alle Geheiligten! — Die Gnade unsers Herrn Jesu Christi und die Liebe Gottes und die Gemeinschaft des Heiligen Geistes sei mit euch allen. Amen."
Eph. 6 und 2 Kor. 13.

Bischof Konrad Martin

Kurze Belehrung über den Ablaß

Der Ablaß ist eine außerhalb des Bußsakramentes aus dem Kirchenschatze erteilte Nachlassung der zeitlichen Sündenstrafen, welche nach bereits vergebener Sündenschuld entweder hier auf Erden oder im Fegfeuer noch abzutragen bleiben. Es ist feierlich erklärter Glaubenssatz: „daß die katholische Kirche die Gewalt hat, Ablässe zu erteilen und daß der Gebrauch der Ablässe dem christlichen Volke sehr heilsam ist." Konzil von Trient, 25. Sitzung.

Es gibt vollkommene und unvollkommene Ablässe. Ein vollkommener Ablaß ist die Nachlassung aller für die bereits vergebenen Sünden noch abzutragenden Strafen; ein unvollkommener Ablaß ist die Nachlassung eines Teiles dieser Strafen. Die unvollkommenen Ablässe werden in der Regel nach Tagen und Jahren bestimmt. Ein Ablaß von z. B. 40 oder 100 Tagen, von 3 Jahren will nicht sagen, daß derjenige, welcher einen solchen Ablaß gewinnt, nun 40 oder 100 Tage oder 3 Jahre weniger auf Erden oder im Fegfeuer zu büßen habe, sondern es bedeutet die Nachlassung von so viel zeitlicher Strafe, als ehemals durch eine nach den alten Satzungen bestimmte Kirchenbuße von dieser Dauer an zeitlicher Sündenstrafe vor Gott abgetragen wurde. Die alten Kirchenbußen waren aber sehr streng; für öffentliche Sünden mußte damals meistens auch öffentlich gebüßt werden. Eine Quadragene war in jenen alten Zeiten eine verschärfte äußerst strenge Buße von 40 Tagen. — Bei vielen Ablässen erklärt die Kirche, daß man dieselben entweder für sich selbst gewinnen, oder sie den Abgestorbenen zuwenden könne.

Ablaßbedingungen. Für alle Ablässe, sowohl vollkommene, als unvollkommene wird als wesentliche Bedingung gefordert der Stand der heiligmachenden Gnade. Im Stande der Ungnade kann man keinen Ablaß gewinnen, wie man auch alsdann nichts für den Himmel verdienen kann. Sollte also jemand in eine schwere Sünde gefallen sein, so müßte er, um einen Ablaß zu gewinnen, zuvor beichten oder eine wahre vollkommene Reue mit dem Vorsatze, sobald als möglich zu beichten, erwecken. Ferner wird erfordert eine reumütige Gesinnung. Weil nämlich die Strafe nicht nachgelassen werden kann, bevor die Schuld vergeben ist, eine Vergebung der Schuld aber von Seiten Gottes nicht möglich ist, ohne eine wahre Reue auf Seite des Menschen, so kann man nur für jene Sünden einen Ablaß gewinnen, welche man wahrhaft bereut und verabscheuet hat. Man braucht indes nicht jedes Mal wenn man einen Ablaß gewinnen will, eine ausdrückliche Reue zu erwecken, sondern es genügt, daß man die Sünden früher bereut hat und daß diese reumütige Gesinnung noch fortdauert. Nur wer in schwere Sünde gefallen, müßte wie gesagt, vorher ausdrücklich die vollkommene Reue erwecken, falls er keine Gelegenheit hat zu beichten. Drittens wird für alle Ablässe gefordert, daß man die vorgeschriebenen Gebete oder Werke vollständig und genau nach der Vorschrift verrichte, und daß man die Meinung habe, den Ablaß zu gewinnen; doch genügt die des Morgens auf die Gewinnung der Ablässe gerichtete Meinung für alle Ablässe, die den Tag über zu gewinnen sind und braucht man dann nachher in den einzelnen Fällen, z. B. bei Verrichtung eines Ablaßgebetes nicht wieder ausdrücklich an den Ablaß zu denken, ja es ist nicht einmal nötig zu wissen, welches der mit dem Gebete rc. verbundene Ablaß ist oder ob ein solcher Ablaß besteht.

Die Gebete, für welche Ablässe verliehen sind, müssen nicht bloß innerlich oder durch bloßes Ablesen mit den Augen aus dem Buche, sondern zugleich mündlich verrichtet werden; doch wird kein lautes Beten gefordert, man braucht sich auch selber nicht zu hören, sondern man muß nur die Worte bilden mit einiger Bewegung der

Zunge und der Lippen. Wird ein Ablaßgebet z. B. der Engel des Herrn, die Muttergottes-Litanei, der Rosenkranz ect. von mehreren gemeinschaftlich und abwechselnd gebetet, so braucht jeder Teil, während der andere Teil laut betet, die Worte nicht mitzusprechen, sondern nur andächtig zuzuhören. Ist aber das betreffende Gebet kein Wechselgebet, sondern wird es ganz von jemandem vorgebetet (z. B. unten die Aufopferung aller hl. Messen beim Offertorium), dann müssen die Übrigen das Gebet mündlich (doch nicht laut, nicht vernehmbar) mitsprechen.

Für verschiedene Gebete ist monatlich ein vollkommener Ablaß verliehen. Man muß dieselben einen Monat (30 Tage) lang täglich andächtig verrichtet haben und dann an einem frei zu wählenden Tage beichten, kommunizieren und für die Anliegen der Kirche nach der Meinung des Papstes etwas beten, z. B. die Gebete zur Gewinnung eines vollkommenen Ablasses aus dem Gebetbuche; doch genügt es, wenn man nur fünf Vater unser und Gegrüßet seist du oder ein entsprechendes Gebet, z. B. eine Litanei oder einen Rosenkranz u. dgl. andächtig nach der Meinung des Papstes betet. In der Regel muß man eine Kirche oder öffentliche Kapelle besuchen und dort dieses Gebet (das sogenannte Ablaßgebet) verrichten. Wer täglich mehrere solcher Gebete verrichtet, kann monatlich ebenso viele vollkommene Ablässe und zwar durch eine einzige Beichte und Kommunion gewinnen (einen Ablaß für sich und die andern für die Armen Seelen). Er muß aber für jeden vollkommenen Ablaß, wofür solches vorgeschrieben ist, den Kirchenbesuch und das Gebet nach der Meinung des Papstes verrichten: dieses kann in jeder Kirche oder öffentlichen Kapelle geschehen, auch wenn das allerheiligste Sakrament dort nicht aufbewahrt und auch das heilige Meßopfer (wegen Mangel eines Priesters) nicht mehr dargebracht wird.

Bei einigen Gebeten kann der damit verbundene Ablaß bloß einmal im Tage, bei andern aber jedes Mal, so oft man das Gebet andächtig verrichtet, gewonnen werden.

Kommt in einem Ablaßgebete das „Gegrüßet seist du" vor, so muß man beten: „bitte für uns rc.", nicht: „bitte für die armen Seelen" rc. Die kleineren Ablaßgebete sind im Folgenden meistens durch Anführungszeichen „ " kenntlich gemacht.

Näheres über den Ablaß findet man in dem vom Verfasser dieses Büchleins herausgegebenen: „Ablaßbuch für alle Stände, Paderborn, Junfermann'sche Buchhandlung."

Abkürzungen

✝ **II.** bedeutet: man kann bei **täglicher** Verrichtung des Gebetes **monatlich einen vollkommenen Ablaß** gewinnen, wenn man nur beichtet und kommuniziert und die hl. Kommunion für den Ablaß aufopfert (ohne Kirchenbesuch und Ablaßgebet).

✝ **III.** man muß außer der **Beichte** und **Kommunion** auch noch ein **Gebet nach der Meinung des Papstes** für die Anliegen der Kirche verrichten, doch kann man dieses an einem beliebigen Orte, also auch zu Hause tun;

✝ **IV.** man muß **beichten, kommunizieren**, eine **Kirche** oder öffentliche **Kapelle besuchen** und dort das **Gebet nach der Meinung des Papstes** verrichten.

Sterbe-Ablaß: Man kann unter den gewöhnlichen Bedingungen[1] in der Todesstunde einen vollkommenen Ablaß gewinnen, wenn man das betreffende Gebet oft im Leben verrichtet hat.

Der Buchstabe Ω bedeutet: der Ablaß kann den Abgestorbenen zugewandt werden. Man muß alsdann die Meinung haben, den Ablaß einer bestimmten Armen Seele, oder den verstorbenen Angehörigen rc., oder auch den Abgestorbenen im allgemeinen zuzuwenden.

V = Vorbeter (vom Vorbeter gesprochen)
A = Antwort (von allen gesprochen)

Beim gemeinschaftlichen Gebete werde langsam und deutlich vorgebetet, und ebenso seien die Antworten langsam und deutlich.

---

[1] Diese Bedingungen sind folgende: Man muß in der **Todesstunde**, d. h. in einer wirklichen **Todesgefahr:**

a) beichten und kommunizieren oder, wenn dieses nicht möglich ist, wahre vollkommene Reue erwecken;

b) mit dem Munde oder, wenn man das nicht mehr kann, mit dem Herzen den heiligsten Namen **Jesus** reumütig anrufen;

c) vor allem muß man die Leiden des Todeskampfes und den Tod selbst wie aus Gottes Hand und mit Ergebung als Buße für seine Sünden willig annehmen.

Der Sterbende kann sich auf diese Weise selbst, ohne Vermittlung eines Priesters, den Ablaß zuwenden. Vgl. „Lehr- und Trostbüchlein" Seite 37-44; oder „Ablaßbuch" S. 166-175.

Morgengebet

V. „Im Namen des + Vaters und des + Sohnes und des Heiligen + Geistes. Amen."

Ablass von 50 Tagen jedes Mal, so oft man sich andächtig mit dem heiligen Kreuze bezeichnet und dabei die Worte spricht: „Im Namen des Vaters rc."

Wir beten dich an, o Allerheiligste Dreifaltigkeit, wir loben und verherrlichen dich! Wir sagen dir Dank, daß du uns in dieser Nacht so gnädig bewahrt hast. O wie viele Sünder sind in eben dieser Nacht dahingestorben und durch ihre Schuld ewig verdammt worden! Aus dankbarer Liebe weihen wir uns für heute und immer deinem heiligen Dienste. In Vereinigung mit dem göttlichen Herzen Jesu, deines vielgeliebten Sohnes, schenken wir dir unsere Herzen. Wir opfern dir unser Tagewerk, all' unsere Gedanken, Worte, Werke und Leiden auf. Wir flehen zu dir um deine Gnade, wir befehlen uns in alle heiligen Messen auf der ganzen Erde, und machen die Meinung, alle Ablässe zu gewinnen, welche wir heute gewinnen können.

Hier mache jeder die Aufopferung für die Abgestorbenen, z. B.: „Ich opfere alle zuwendbaren Ablässe für die Armen Seelen (die Seele N.) auf."

A. Herr, unser Gott, wir danken dir, wir loben dich, wir preisen dich. „Heilig, heilig, heilig bist du Herr, Gott der Heerscharen! Die Erde ist deiner Herrlichkeit voll. Ehre sei dem Vater, Ehre sei dem Sohne, Ehre sei dem Heiligen Geiste!"

100 Tage Ablaß täglich einmal, sonntags dreimal; † IV Ω.

V. Würdige dich, o Herr, an diesem Tage uns ohne Sünde zu bewahren.
A. Erbarme dich unser, o Herr, erbarme dich unser.

V. Herr, allmächtiger Gott, der du uns den Anfang dieses Tages hast erleben lassen: hilf uns heute mit deiner kräftigen Gnade, damit wir doch an diesem Tage in keine Sünde fallen, sondern in allen unsern Gedanken, Worten und Werken deinen heiligen Willen stets treu erfüllen mögen. Durch unsern Herrn Jesum Christum, deinen Sohn, der mit dir lebt und regiert in Einigkeit des Heiligen Geistes, Gott von Ewigkeit zu Ewigkeit. Amen.

A. „O mein Gott! Ich glaube an dich, weil du die ewige Wahrheit bist. Ich hoffe auf dich, weil du unendlich gütig bist. Ich liebe dich über alles, weil du das höchste Gut bist."

Ablaß von 7 Jahren und 7 Quadragenen jedesmal, ✝ **III.; Sterbe-Ablaß. Ω.**

V. Es reuet mich von Herzen, daß ich dich mit meinen Sünden beleidigt habe. Ich will nie mehr deinem heiligen Willen zuwider handeln.[2]

A. „Es geschehe, es werde gelobt und ewig gepriesen der gerechteste, höchste und liebenswürdigste Wille Gottes in allem!"
100 Tage einmal täglich; Sterbe-Ablaß

V. Rufen wir Maria an, zugleich mit der Meinung, einigermaßen die Unbilden zu ersetzen, welche ihr und den Heiligen Gottes zugefügt werden:

A. „Gegrüßet seist du, Königin, Mutter der Barmherzigkeit, unser Leben, unsere Süßigkeit und unsere Hoffnung, sei gegrüßt! Zu dir rufen wir, verbannte Kinder Eva's; zu dir seufzen wir trauernd und

---

[2] Diese kurze Erweckung von Glaube, Hoffnung, Liebe, Reue und Vorsatz wiederhole man tagsüber für sich allein.

24

weinend in diesem Tal der Tränen. Wohlan denn, unsere Fürsprecherin, wende deine barmherzigen Augen zu uns und zeige uns nach diesem Elende Jesum, die gebenedeite Frucht deines Leibes, o gütige, o milde, o süße Jungfrau Maria!

V. Würdige mich, zu loben dich, geheiligte Jungfrau.
A. Gib mir Kraft wider deine Feinde.

V. Gebenedeit sei Gott in seinen Heiligen.
A. Amen.

100 Tage Ablaß an jedem Wochentage, 7 Jahre und 7 Quadragenen des Sonntags; † II, an zwei beliebigen Sonntagen in jedem Monate; Sterbe-Ablaß. Ω. Abends muß man beten: „Unter deinen Schutz."

V. Wir befehlen uns der lieben Gottesmutter, um von ihr in allen Versuchungen, besonders gegen die heilige Keuschheit, beschützt zu werden:

A. „Gegrüßet seist du, Maria rc.

V. O meine Herrin, o meine Mutter! Dir opfere ich mich ganz auf, und um mich dir ergeben zu zeigen, weihe ich dir heute meine Augen, meine Ohren, meinen Mund, mein Herz, mich ganz und gar. Weil ich also dir gehöre, o gute Mutter, so bewahre mich, beschütze mich als dein Gut und als dein Eigentum. Amen.

A. (Anrufung) O meine Herrin, o meine Mutter! Gedenke, daß ich dir gehöre. Bewahre mich, beschütze mich als dein Gut und als dein Eigentum!"

100 Tage, † IV Ω. Man muß es morgens und abends beten. Die Anrufung allein hat 40 Tage Ablaß, wenn man sie in irgendeiner Versuchung spricht.

V. Wir befehlen uns auch unsern lieben heiligen Schutzengeln:

A. „O Engel Gottes, der du mein Beschützer bist, dem ich durch Gottes Güte bin anvertraut worden, erleuchte, beschütze, regiere und leite mich. Amen."

100 Tage Ablaß jedesmal; ✝ IV (wenn man es morgens und abends betet); Sterbe-Ablaß. Ω.

V. All' unsere heiligen Namenspatrone. — **A.** Bittet für uns.

V. Heiliger N., Patron unserer Kirche. — **A.** Bitte für uns.

V. All' ihr lieben Engel und Heiligen Gottes. — **A.** Bittet für uns.

V. Lasset uns auch beten für die Armen Seelen im Fegfeuer, insbesondere für unsere verstorbenen Angehörigen, Wohltäter und Freunde: Vater unser… Gegrüßt seit du…

V. Herr, gib ihnen die ewige Ruhe.

A. Und das ewige Licht leuchte ihnen.

V. Herr, laß sie ruhen im Frieden. **A.** Amen.

V. Ehre sei dem Vater rc. **A.** Wie rc.

V. „Gelobt sei Jesus Christus. **A.** In Ewigkeit. Amen."

Ablaß 100 Tagen, so oft beim wechselseitigen Grüßen der eine sagt: „Gelobt sei Jesus Christus" und der andere antwortet: „In Ewigkeit. Amen." Sterbe-Ablaß. Ω.

Abendgebet

V. „Im Namen des + Vaters rc."

Eine ruhige Nacht und ein seliges Ende verleihe uns der allmächtige und barmherzige Gott! Brüder seid nüchtern und wachet: denn euer Widersacher, der Teufel, geht umher wie ein brüllender Löwe und suchet, wen er verschlingen könne: ihm widerstehet standhaft im Glauben. Du aber, o Herr, erbarme dich unser.

A. Gott sei Dank.

V. Gütigster Gott und Vater! Von ganzem Herzen danken wir dir für alle Gnaden und Wohltaten, welche du uns in unserm ganzen Leben und auch an diesem Tage wieder so reichlich an Leib und Seele erwiesen hast. Aber wie haben wir dir deine Güte vergolten? Sind wir nicht wieder sehr undankbar gegen dich gewesen? Sende doch einen Strahl deines göttlichen Lichtes in unsere Seele, damit wir alle heute begangenen Fehltritte erkennen und sie von Herzen bereuen mögen!

Bei der nun folgenden Gewissenserforschung hält der Vorbeter nach jeder Frage einen Augenblick inne, und ein jeder denkt bei sich nach, ob und wie er sich verfehlt hat. Die tägliche Gewissenserforschung ist von großer Wichtigkeit.

Gewissenserforschung

V. Habe ich gesündigt:
Mit Gedanken? Habe ich mich in unkeuschen Gedanken freiwillig aufgehalten? — War ich hoffärtig? neidisch? argwöhnisch? kleinmütig? — War ich ungeduldig bei der Arbeit oder in Widerwärtigkeiten? aufgebracht bei Beleidigungen?

Mit Worten? Habe ich unkeusche Reden geführt oder mit Wohlgefallen angehört? — Habe ich gelogen? über den Nebenmenschen lieblos gesprochen? — Habe ich Verwünschungen, Fluch- und Scheltworte ausgestoßen?

Mit Werken? Habe ich mit mir selbst oder mit andern etwas Unehrbares getan oder zugelassen? — Habe ich jemand zur Sünde verführt? — War ich gegen meine Eltern oder Vorgesetzten ungehorsam, mürrisch, grob und trotzig? — War ich gegen andere feindselig, unbarmherzig, ungerecht? — Habe ich jemand einen Schaden zugefügt?

27

Mit Unterlassung? Habe ich das Gebet vernachlässigt? — War ich faul und träge bei der Arbeit? — War ich nachlässig in meinen Standes- und Berufspflichten? — Habe ich über meine Kinder und Untergebenen gewacht? für ihr leibliches und geistliches Wohl gesorgt? — Habe ich andere vom Sündigen abgehalten, wo ich es konnte?

V. Erwecken wir jetzt Reue und Leid, damit der gnädige und barmherzige Gott uns unsere Sünden verzeihen möge:

Litanei von der Liebesreue
(Nach dem ehrwürdigen Papst Pius VI.)

Herr, erbarme dich meiner!
Christe erbarme dich meiner!
Herr, erbarme dich meiner!
Gott Vater vom Himmel, — **erbarme dich meiner!**
Gott Sohn, Erlöser der Welt, —
Gott Heiliger Geist, —
Heilige Dreifaltigkeit, ein einiger Gott, —
Der du deine Allmacht und Güte durch Verschonen und
    langmütige Nachsicht offenbarst, —
Der du die Bekehrung der Sünder so geduldig erwartest, —
Der du die Sünder zur Buße so liebreich einladest, —
Der du dich über die Bekehrung der Sünder so sehr erfreuest, —
Daß ich gesündigt habe, — **Reuet mich Herzen, o Gott!**
Daß ich so oft und schwer gesündigt habe, —
Daß ich mit Gedanken, Worten und Werken gesündigt habe, —
Daß ich so vorsätzlich und mutwillig gesündigt habe, —
Daß ich durch unzählbare Nachlässigkeiten und Versäumnisse
    gesündigt habe, —

Daß ich deine heiligen Gebote so frech übertreten habe, —

Daß ich deine Allmacht nicht gefürchtet habe, —

Daß ich deine Liebe verachtet habe, —

Daß ich deine Güte und Langmut mißbraucht habe, —

Daß ich früher dem hochheiligen Meßopfer so oft unandächtig beigewohnt habe, —

Daß ich die heiligen Sakramente so lau empfangen habe, —

Daß ich die Predigt und Christenlehre so oft vernachlässigt oder keinen Nutzen daraus gezogen habe, —

Daß ich die Wunden und Schmerzen deines göttlichen Sohnes erneuert habe, —

Daß ich mich deiner gerechten Strafe in dieser und in der andern Welt schuldig gemacht habe, —

Wegen alles dieses, — **Reuet es mich von Herzen, o Gott!**

Aber noch weit mehr und vor allem wegen deiner selbst, —

Weil ich dich beleidigt habe, —

Weil ich dir mißfallen habe, —

Weil ich dich nicht über alles geliebt habe, —

In Vereinigung mit jener heftigen Liebesreue, welche jemals alle heiligen Büßer gehabt haben, —

In Vereinigung mit jenem äußersten Abscheu vor der allermindesten Sünde, welchen die jungfräuliche Mutter Maria jederzeit getragen, —

In Vereinigung mit jenen unbegreiflichen Schmerzen, welche dein göttlicher Sohn auf dem Ölberg wegen meiner und der ganzen Welt Sünden in seinem Herzen empfunden, —

O du Lamm Gottes, welches du hinwegnimmst die Sünden der Welt,   **— verschone uns, o Herr!**

O du Lamm Gottes rc.   **— erhöre uns, o Herr!**

O du Lamm Gottes rc.   **— erbarme dich unser, o Herr!**

Vater unser...

V. Allmächtiger und gütigster Gott, der du dem durstenden Volke in der Wüste einen Quell lebendigen Wassers aus dem Felsen hast entspringen lassen, wir bitten dich, laß doch aus unsern harten Herzen Tränen der Reue hervorfließen, auf daß wir unsere Sünden beweinen und von deiner Barmherzigkeit Verzeihung erlangen mögen. Erzeige uns gnädig, o Herr, deine unaussprechliche Barmherzigkeit, damit du uns von allen unseren Sünden befreiest und von den Strafen, die wir für dieselben verdienen, errettest.

A. Amen.

V. O Gott, dem es eigen ist, sich allzeit zu erbarmen und zu verschonen: nimm gnädig auf unser Gebet, damit wir und alle deine Diener, welche in den Ketten der Sünde gefesselt sind, durch deine unaussprechliche Güte erlöset werden. Durch unsern Herrn Jesum Christum, deinen Sohn, der mit dir lebt und regiert in Einigkeit des Heiligen Geistes, Gott von Ewigkeit zu Ewigkeit.

A. Amen.

V. Würdige dich, o Herr, in dieser Nacht uns ohne Sünde zu bewahren.

A. Erbarme dich unser, o Herr, erbarme dich unser.

V. Wir bitten dich, o Herr, kehre ein in diese Wohnung, und vertreibe weit von ihr alle Nachstellungen des bösen Feindes. Laß deine heiligen Engel darin wohnen, daß sie uns in Frieden bewahren, und dein Segen bleibe über uns allezeit. Durch unsern Herrn Jesum Christum rc.

A. Amen.

V. Rufen wir Maria an, zugleich mit der Meinung, einigermaßen die Unbilden zu ersetzen, welche ihr und den Heiligen Gottes zugefügt werden:

A. „Unter deinen Schutz und Schirm fliehen wir, o heilige Gottesgebärerin; verschmähe nicht unser Gebet in unseren Nöten, sondern erlöse uns jederzeit von allen Gefahren, o du glorwürdige und gebenedeite Jungfrau!

V. Würdige mich, zu loben dich, geheiligte Jungfrau.
A. Gib mir Kraft wider deine Feinde.

V. Gebenedeit sei Gott in seinen Heiligen.
A. „Amen."
100 Tage Ablaß an jedem Wochentage, 7 Jahre und 7 Quadragenen des Sonntags; ✝ II, an zwei beliebigen Sonntagen in jedem Monate; Sterbe-Ablaß. Ω. Abends muß man beten: „Unter deinen Schutz."

V. Wir befehlen uns der lieben Gottesmutter, um von ihr in allen Versuchungen, besonders gegen die heilige Keuschheit, beschützt zu werden:
A. „Gegrüßet seist du, Maria rc.

V. O meine Herrin, o meine Mutter! Dir opfere ich mich ganz auf, und um mich dir ergeben zu zeigen, weihe ich dir heute meine Augen, meine Ohren, meinen Mund, mein Herz, mich ganz und gar. Weil ich also dir gehöre, o gute Mutter, so bewahre mich, beschütze mich als dein Gut und als dein Eigentum. Amen.
A. (Anrufung) „O meine Herrin, o meine Mutter! Gedenke, daß ich dir gehöre. Bewahre mich, beschütze mich als dein Gut und als dein Eigentum!"
100 Tage, ✝ IV Ω. Man muß es morgens und abends beten. Die Anrufung allein hat 40 Tage Ablaß, wenn man sie in irgendeiner Versuchung spricht.

V. Wir befehlen uns auch unsern lieben heiligen Schutzengeln:
A. „O Engel Gottes, der du mein Beschützer bist, dem ich durch Gottes Güte bin anvertraut worden, erleuchte, beschütze, regiere

und leite mich. Amen."

100 Tage Ablaß jedesmal; †IV (wenn man es morgens und abends betet);
Sterbe-Ablaß. Ω.

V. All' unsere heiligen Namenspatrone. —   **A.** Bittet für uns.

V. Heiliger N., Patron unserer Kirche. —   **A.** Bitte für uns.

V. All' ihr lieben Engel und Heiligen Gottes. —   **A.** Bittet für uns.

V. Lasset uns auch beten für die Armen Seelen im Fegfeuer, insbesondere für unsere verstorbenen Angehörigen, Wohltäter und Freunde: Vater unser... Gegrüßt seist du...

V. Herr, gib ihnen die ewige Ruhe.

A. Und das ewige Licht leuchte ihnen.

V. Herr, laß sie ruhen im Frieden.

A. Amen.

V. Ehre sei dem Vater rc.

A. Wie rc.

V. „Gelobt sei Jesus Christus.

A. In Ewigkeit. Amen."

Ablaß von 100 Tagen, so oft beim wechselseitigen Grüßen der eine sagt: „Gelobt
sei Jesus Christus" und der andere antwortet: „In Ewigkeit. Amen."
Sterbe-Ablaß. Ω.

Bemerkung: Die Kinder mögen noch des Morgens oder des Abends beten: Sonntag, Montag und Donnerstag das apostolische Glaubensbekenntnis; Dienstag und Freitag die zehn Gebote Gottes; Mittwoch und Samstag die fünf Gebote der Kirche und die sieben heiligen Sakramente.

Tischgebet

Vor dem Essen. Aller Augen warten auf dich, o Herr, und du gibst ihnen ihre Speise zur rechten Zeit: du öffnest deine Hand und erfüllest alles, was da lebt, mit Segen.

V. Herr, erbarme dich unser!
A. Christe erbarme dich unser!
V. Herr, erbarme dich unser! Vater unser... Gegrüßet...
Herr, segne uns und diese deine Gaben, welche wir jetzt von deiner milden Güte empfangen werden. Durch Jesus Christus, unsern Herrn. Amen.
Ehre sei dem Vater rc.
V. „Gelobt sei Jesus Christus. A. In Ewigkeit. Amen."
100 Tage Ablaß

Nach dem Essen. Wir danken dir, allmächtiger Gott, für alle deine Wohltaten, die wir von deiner Güte empfangen haben, der du lebst und regierst in Ewigkeit. Amen.
V. Herr, erbarme dich unser!
A. Christe, erbarme dich unser!
V. Herr, erbarme dich unser! Vater unser... Gegrüßet...
V. Der Name des Herrn sei gebenedeit.
A. Von nun an bis in Ewigkeit.
V. O Herr, du wollest allen, die uns um deines heiligen Namens willen Gutes tun, mit dem ewigen Leben vergelten. Und aller abgestorbenen Christgläubigen Seelen mögen ruhen durch die Barmherzigkeit Gottes im Frieden. A. Amen.
V. Ehre sei dem Vater rc.
V. „Gelobt sei Jesus Christus. A. In Ewigkeit. Amen."
100 Tage Ablaß

Der Engel des Herrn

V. „Der Engel des Herrn brachte Maria die Botschaft.
A. Und sie empfing vom Heiligen Geiste. — Gegrüßet seist du rc.
V. Siehe, ich bin eine Magd des Herrn.
A. Mir geschehe nach deinem Worte. — Gegrüßet seist du rc.

V. Und das Wort ist Fleisch geworden.

A. Und hat unter uns gewohnt. — Gegrüßet seist du rc."

Man kann, was aber zur Gewinnung des Ablasses nicht notwendig ist, Folgendes beifügen.

V. Bitte für uns, o heilige Gottesgebärerin.

A. Auf daß wir würdig werden der Verheißungen Christi.

V. Lasset uns beten. Wir bitten dich, o Herr, du wollest deine Gnade in unsere Herzen eingießen, damit wir, die wir durch die Botschaft des Engels die Menschwerdung Christi deines Sohnes erkannt haben, durch sein Leiden und Kreuz zur Herrlichkeit der Auferstehung geführt werden. Durch denselben Jesum Christum unsern Herrn. **A.** Amen.

In der österlichen Zeit, d. i. vom Karsamstag Mittag bis zum Mittag des Samstags nach Pfingsten betet man stehend statt des „Engel des Herrn" das: „Regina coeli laetare" — zu Deutsch:

Himmelskönigin, erfreue dich: Alleluja! Denn der, den du in deinem Schoße zu tragen gewürdigt wurdest: Alleluja!
Ist auferstanden, wie er es vorhergesagt: Alleluja!
Bitt Gott für uns: Alleluja!

V. Freue dich und frohlocke, o Jungfrau Maria: Alleluja!

A. Weil der Herr wahrhaft auferstanden ist: Alleluja!

V. Lasset uns beten. O Gott, der du durch die Auferstehung deines Sohnes, unsers Herrn Jesu Christi, die Welt zu erfreuen dich gewürdigt hast: wir bitten dich, verleihe, daß wir durch seine Gebärerin, die heiligste Jungfrau Maria, zu den Freuden des ewigen Lebens gelangen. Durch denselben Christum unsern Herrn.

A. Amen.

Ablaß von 100 Tagen jedes Mal, wenn man des Morgens, oder Mittags, oder Abends beim Glockenzeichen kniend den „Engel des Herrn" betet; vollkommener Ablaß einmal im Monat (Beichte, Kommunion, Ablaßgebet), wenn man ihn täglich in besagter Weise entweder Morgens, oder Mittags, oder

Abends betet. Von Samstagabend bis Sonntagabend einschließlich muß man ihn stehend beten. Es genügt, daß man das Zeichen irgendeiner Glocke hört, die zum Angelus läutet. Die Gläubigen, welche sich an Orten befinden, wo man nicht zum Angelus läutet, gewinnen den Ablaß, wenn sie den Engel des Herrn nach Verschiedenheit der Jahreszeiten beiläufig zu jenen Stunden beten, wo das Zeichen zu demselben gegeben zu werden pflegt.

Während der ganzen österlichen Zeit betet man statt des „Engel des Herrn" das „Regina coeli" oder: „Himmelskönigin, erfreue dich" mit Versikel und Gebet und zwar immer stehend; diejenigen aber, welche das Regina coeli nicht auswendig wissen, können fortfahren, den Engel des Herrn zu beten, ohne des Ablasses verlustig zu werden. Ω.

Stoßgebete

Des Tages über bei der Arbeit, in Versuchungen rc. zu sprechen:

Mein Jesus, Barmherzigkeit!
Ablaß von 100 Tagen jedesmal. Ω.

Süßes Herz Mariä, sei meine Rettung!
Ablaß von 300 Tagen jedesmal; † IV. Ω.

Jesus, Maria, Joseph! euch schenke ich mein Herz und meine Seele.
Jesus, Maria, Joseph! stehet mir bei im letzten Todeskampfe.
Jesus, Maria, Joseph! möge meine Seele mit euch im Frieden von hinnen scheiden.
Ablaß von 300 Tagen für diese dreimalige Anrufung; 100 Tage für jede einzelne Anrufung.

Süßes Herz Jesu, sei meine Liebe!
Ablaß von 300 Tagen.

Jesus, sanftmütig und demütig von Herzen, mache mein Herz dem deinigen ähnlich!
Ablaß von 300 Tagen jedesmal. Ω.

O Maria, ohne Sünde empfangen, bitte für uns, die wir unsere Zuflucht zu dir nehmen! Ablaß von 100 Tagen jedesmal. † IV.

ERSTE MESSANDACHT

NACH DER ORDNUNG, WIE DER PRIESTER
DAS MESSOPFER DARBRINGT

Zum Eingang

Gesang

Es werden die Meßgesänge genommen; doch können auch andere passende Lieder gesungen werden.

V. Wir machen die Meinung, alle heiligen Ablässe zu gewinnen, welche mit den Gebeten verbunden sind, die wir in gegenwärtiger Andachtsstunde und am heutigen Tage verrichten werden.

V. „Im Namen des + Vaters rc." **(50 Tage Ablaß)**
Ich will hintreten zum Altare Gottes.
A. Zu Gott, der meine Jugend erfreut.
V. Unsere Hilfe + ist im Namen des Herrn,
A. Der Himmel und Erde gemacht hat.

V. Ich bekenne Gott dem Allmächtigen, der seligen allezeit jungfräulichen Maria, dem seligen Erzengel Michael, dem seligen Johannes dem Täufer, den heiligen Aposteln Petrus und Paulus und allen Heiligen, daß ich gar sehr gesündigt habe in Gedanken, Worten und Werken, durch meine Schuld, durch meine Schuld, durch meine größte Schuld: darum bitte ich die selige allezeit jungfräuliche Maria, den seligen Erzengel Michael, den seligen Johannes den Täufer, die heiligen Apostel Petrus und Paulus und alle Heiligen, für mich zu beten bei dem Herrn, unserm Gott.

Hier folgt: **Litanei von der Liebesreue (Seite 28).**

Zum Kyrie

V. Herr, erbarme dich unser.
A. Herr, erbarme dich unser.
V. Herr, erbarme dich unser.
A. Christe, erbarme dich unser.
V. Christe, erbarme dich unser.
A. Christe, erbarme dich unser.
V. Herr, erbarmedich unser.
A. Herr, erbarme dich, unser.
V. Herr, erbarme dich unser.

Zum Gloria

Ehre sei Gott in der Höhe und Friede den Menschen auf Erden, die eines guten Willens sind. Wir loben dich, wir preisen dich, wir beten dich an; wir verherrlichen dich, wir danken dir wegen deiner großen Herrlichkeit: Herr Gott, König des Himmels, Gott allmächtiger Vater! Herr Jesu Christe, eingeborener Sohn, Herr und Gott, Lamm Gottes, Sohn des Vaters; der du hinwegnimmst die Sünden der Welt, erbarme dich unser! der du hinwegnimmst die Sünden der Welt, nimm an unser Flehen! der du sitzest zur Rechten des Vaters, erbarme dich unser! denn du allein bist heilig, du allein der Herr, du allein der Allerhöchste, Jesus Christus, mit dem Heiligen Geiste in der Herrlichkeit Gottes des Vaters. Amen.

Gesang zum Gloria

Zu den Kollekten oder Sammelgebeten

V. Lasset uns beten: Allmächtiger Vater, ewiger Gott! blicke gnädig herab auf deine arme verwaiste Gemeinde, welche hier vor dir versammelt ist. Wir haben deinen gerechten Zorn verdient, da wir früher in der Fülle aller Gnaden gegen dich so undankbar gewesen. „Wir haben gesündigt, wir haben Bosheit verübt, wir haben gottlos gehandelt und sind vom Herrn abgewichen." Aber nun kehren wir reuevoll zu dir zurück, und aus dem Abgrunde unseres Elendes rufen wir zu dem Abgrunde deiner Barmherzigkeit, daß du dich unser erbarmest. Vater! deine Kinder bitten dich um Brot; wir bitten um das Brot der Seele, um deine Gnade!

A. Erbarme dich unser, o Herr, erbarme dich unser.
V. Heiliger Gott, heiliger starker Gott, heiliger unsterblicher Gott!
A. Erbarme dich unser.

V. Es trauert der Altar, leer ist der Tabernakel. Wir haben keinen Priester mehr, der das Versöhnungsopfer für uns darbringe; wir haben das hochheilige Sakrament nicht mehr in unserer Mitte. Ach Jesus, liebster Jesus, warum hast du uns verlassen? Vergib uns doch die Unbilden, welche wir dir in diesem Opfer und Sakramente ehedem zugefügt, kehre zurück zu deinen bußfertigen Kindern und wohne wieder bei uns! Da wir aber jetzt deine süße Gegenwart noch nicht genießen können, so segne uns wenigstens aus der Ferne von jenen Altären, auf welchen du heute dich opferst; denn du hast ja auch den Sohn des königlichen Hauptmannes aus der Ferne geheilt. Laß uns einige Brosamen von dem reichen Gnadentische zukommen, den du in der katholischen Kirche bereitet hast; denn „auch die Hündlein essen von den Brosamen, die von ihrer Herren Tische fallen," (Mt. 15) wir aber sind doch deine Kinder!

A. Erbarme dich unser, o Herr, erbarme dich unser!

V. Heiliger Gott, heiliger starker Gott, heiliger unsterblicher Gott!

A. Erbarme dich unser.

V. Verödet sind Beichtstuhl und Kanzel. Gott Heiliger Geist, du Gnadenspender, Lehrer der Wahrheit, den wir so oftmals verachtet, dessen Gnaden wir so schmählich veruntreut haben: neige dich doch wieder zu uns Flehenden und nimm hinweg von uns unsere Missetaten. Sei unser Tröster, sei unser Lehrer, unterweise uns in deinem heiligen Gesetze und gib uns Kraft, es zu erfüllen.

A. Erbarme dich unser, o Herr, erbarme dich unser!

V. Heiliger Gott, heiliger starker Gott, heiliger unsterblicher Gott!

A. Erbarme dich unser.

Der Vorbeter spricht nun das Kirchengebet des Tages aus der Handpostille.

Zur Epistel und zum Evangelium

Gesang zur Anrufung des Heiligen Geistes

V. Rufen wir den Beistand des Heiligen Geistes an für uns und für die heilige Kirche:

> **V.** „Komm, o Heil'ger Geist,
> sende uns von oben
> Deines Lichtes Strahl:
>
> **A.** Komm, der Armen Vater,
> komm, der Gaben Spender,
> komm, der Herzen Licht.

V. Bester aller Tröster,
süßer Gast der Seelen,
Labsal mild und süß:

A. In der Arbeit Ruhe,
in der Hitze Kühlung,
in den Tränen Trost!

V. Sel'ges Licht, erfülle
du der gläub'gen Seelen
tiefsten Herzensgrund:

A. Ohne deine Gnade
ist nichts in dem Menschen
ist nichts ohne Schuld.

V. Wasche, was da schmutzig,
und was dürr, begieße,
heile, was da wund:

A. Und was starr ist, beuge,
und was kalt, erwärme,
leite, was verirrt.

V. Allen, die da gläubig
hoffen, gib der Gaben
heil'ge Siebenzahl:

A. Tugend gib im Leben,
Heil gib uns im Tode
und den ew'gen Lohn. Amen."

Ablaß von 100 Tagen jedesmal; † II. Ω
Hierauf wird die Epistel des Tages vorgelesen. Darauf:

V. Andächtige Christen, stehet jetzt auf, bezeichnet euch mit dem Zeichen des hl. Kreuzes sprechend: „Im Namen des + Vaters und des + Sohnes und des Heiligen + Geistes. Amen" — und vernehmet die Worte des heutigen sonntäglichen (festtäglichen) Evangeliums, welches aufgezeichnet hat der heilige Evangelist... im Kapitel... bis... Vers.

Hierauf folgt die Lesung des Evangeliums nebst einer kurzen Auslegung aus der Postille.

Die Lesung dauere nicht über eine halbe Stunde. Ist dann die Auslegung in der Postille noch nicht zu Ende, so werde das Übrige nachher zu Hause im Kreise der Familie vorgelesen. Nach der Lesung kann gebetet werden ein Vater unser für den Heiligen Vater und die Anliegen der Kirche, ein zweites für Erlangung einer seligen Sterbestunde, ein drittes für die Abgestorbenen.

Zum Credo

Gesang

Glaube, Hoffnung, Liebe (Ablaßgebet)

V. „O mein Gott und Herr! ich glaube fest und bekenne, daß du ein einziger wahrer Gott bist in drei Personen: Gott Vater, Gott Sohn, Gott Heiliger Geist; daß du bist der Erschaffer Himmels und der Erde, ein Belohner des Guten und Bestrafer des Bösen; daß dein geliebter Sohn für uns Mensch geworden, und am Kreuze für uns gestorben; daß unsere Seelen unsterblich, und deine Gnade uns zur Seligkeit notwendig ist. Ich glaube, daß Jesus Christus im allerheiligsten Sakramente des Altars wahrhaft zugegen, und daß das hochheilige Meßopfer das immerwährende Opfer des Neuen Bundes ist. Auch glaube ich, daß die allerseligste Jungfrau Maria ohne Erbsünde empfangen, und daß der römische Papst in Ausübung seines höchsten apostolischen Lehramtes durch einen besonderen Beistand des Heiligen Geistes unfehlbar ist.

A. Dieses und alles, was die katholische Kirche uns zu glauben vorstellt, glaube ich fest, darum, weil du, o Gott, solches geoffenbart hast, der du die ewige und unfehlbare Wahrheit bist. In diesem Glauben will ich leben und sterben. O Herr, vermehre meinen Glauben!

V. O mein Gott und Herr! Ich hoffe durch die Verdienste Jesu Christi, vermittelst meiner eigenen Mitwirkung die Verzeihung meiner Sünden und die ewige Seligkeit zu erlangen.

A. Dieses und alles, was uns zum Heile notwendig ist, hoffe ich deshalb, weil du, o Gott, solches versprochen hast, der du unendlich mächtig, gütig und getreu bist. In dieser Hoffnung will ich leben und sterben. O Herr, stärke meine Hoffnung!

V. O mein Gott und Herr, ich liebe dich von ganzem Herzen und über alle Dinge. Ich liebe dich aus meinem ganzen Herzen, aus meiner ganzen Seele, aus meinem ganzen Gemüte und aus allen meinen Kräften.

A. Darum liebe ich dich, o Gott, weil du mein bester Vater und größter Wohltäter und in dir selbst das höchste, liebenswürdigste Gut bist. Deinetwegen liebe ich auch meinen Nächsten, Freund oder Feind, wie mich selbst. In dieser Liebe will ich leben und sterben. O Herr, entzünde meine Liebe!"
Ablaß von 7 Jahren und 7 Qudragenen

Zum Offertorium

(Die Meßdiener schellen)

Aufopferung aller heiligen Messen

(Ablaßgebet)

V. „Herr, allmächtiger Gott! siehe, ich werfe mich vor dir nieder, um deine göttliche Majestät im Namen aller Geschöpfe anzubeten und zu versöhnen. Wie aber sollte ich, selbst ein Armseliger, ein Sünder, dieses vermögen? Und doch, ich kann es, ich will es, denn ich weiß, daß es dein Wohlgefallen ist, der Vater der Barmherzigkeit genannt zu werden, und daß du aus Liebe zu uns deinen eingeborenen Sohn hingegeben hast, der sich am Kreuze für uns geopfert hat, und unablässig auf unsern Altären das Opfer seiner Selbst für uns erneuert. Und darum, wiewohl ein Sünder, aber ein reuiger Sünder, wiewohl ein Armseliger, aber reich in Jesus Christus, stelle ich mich dir vor, um dir in Vereinigung mit der Liebesglut der Engel und der Heiligen und mit den Anmutungen des unbefleckten Herzens der allerseligsten Jungfrau im Namen aller Geschöpfe alle heiligen Messen aufzuopfern, die gegenwärtig gefeiert werden, zugleich mit allen Messen, die bereits gefeiert worden sind und bis zum Ende der Welt gefeiert werden sollen. Ich mache ferner die Meinung, diese Aufopferung in jedem Augenblicke dieses Tages und meines ganzen Lebens zu erneuern, um deiner unendlichen Majestät eine deiner würdige Ehre und Verherrlichung zu erweisen, um deinen Unwillen zu besänftigen und deiner Gerechtigkeit genugzutun für unsere vielen und großen Sünden, um dir einen deinen Wohltaten entsprechenden Dank zu erstatten, und um deine Erbarmungen anzurufen über mich und alle Sünder, über alle lebenden und abgestorbenen Gläubigen, über die ganze Kirche und vorzüglich über ihr sichtbares Oberhaupt, den Heiligen Vater in Rom, und endlich auch über alle Unglücklichen, die in der Spaltung, in der Ketzerei und im Unglauben dahinleben, damit sie sich bekehren und damit auch sie gerettet werden. Amen."

Ablaß von 3 Jahren, wenn man zu Anfang des Tages vorstehende Aufopferung betet.

A. O Gott, wir empfehlen uns in alle hl. Messen auf der ganzen Erde. Mit dem Opfer Jesu vereinigt, opfern wir uns selbst dir auf.

Gesang zur Opferung

Zur Präfation

V. Erhebet eure Herzen!
A. Wir haben sie erhoben zu dem Herrn.
V. Lasset uns Dank sagen dem Herrn unserm Gott.
A. Es ist würdig und gerecht.
V. Ja, es ist wahrhaft würdig und gerecht, billig und heilsam, daß wir allzeit und überall dir Dank sagen, heiliger Herr, allmächtiger Vater, ewiger Gott, der du mit deinem eingebornen Sohne und dem Heiligen Geiste Ein Gott, Ein Herr bist, nicht in der Einzelheit Einer Person, sondern in der Dreifaltigkeit der Einen Wesenheit. Denn was wir durch deine Offenbarung von deiner Herrlichkeit glauben, dasselbe glauben wir ohne Unterscheidung von deinem Sohne, dasselbe vom Heiligen Geiste; so daß bei dem Bekenntnis der wahren und ewigen Gottheit, in den Personen die Eigentümlichkeit, im Wesen die Einheit, und in der Majestät die Gleichheit angebetet wird, welche die Engel loben und die Erzengel, die Cherubim und Seraphim, welche nicht aufhören Tag für Tag zu rufen und einstimmig zu singen:

(Die Meßdiener schellen)

A. „Heilig, heilig, heilig bist du Herr, Gott der Heerscharen. Die Erde ist deiner Herrlichkeit voll. Ehre sei dem Vater, Ehre sei dem Sohne, Ehre sei dem Heiligen Geiste."
Ablaß von 100 Tagen

Gesang zum Sanctus

Vor der Wandlung

Seufzer nach der Ankunft des Heilandes

Nach dem Propheten Isaias. Wie die Gerechten des Alten Bundes nach der Ankunft des Erlösers, so verlangt die verwaiste Gemeinde nach seiner Rückkehr im hl. Opfer und Sakramente.

V. Tauet, Himmel, den Gerechten! [3]) Wolken, regnet ihn herab!
A. Tauet, Himmel, den Gerechten! Wolken, regnet ihn herab!

V. Zürne nicht, o Herr, und gedenke nicht fürder unserer Missetat! Siehe, die Stadt deines Heiligtumes ist verwüstet, Sion ist wüste geworden, Jerusalem ist verödet, das Haus deiner Heiligung und deiner Herrlichkeit, wo dich gepriesen unsere Väter!
A. Tauet, Himmel rc. (wie oben.)

V. Wir haben gesündigt und sind unrein geworden, und wir alle sind abgefallen wie ein Blatt, und unsere Übeltaten haben uns dahingerissen wie ein Wind; dein Angesicht hast du vor uns verborgen und ließest uns zermalmt werden durch unsere Missetaten.

---

[3] den Heiland.

45

A. Tauet, Himmel rc. (wie oben.)

V. Siehe an, o Herr, die Not deines Volkes, und sende, den du senden willst; sende uns das Lamm, den Beherrscher der Erde vom Felsen der Wüste zum Berge der Tochter Sion, daß er von uns hinwegnehme das Joch der Gefangenschaft.
A. Tauet, Himmel rc. (wie oben.)

V. O tröstet euch, tröstet euch, mein Volk! Bald wird kommen dein Heil. Warum verzehrst du dich in Trauer? Weil dich der Reueschmerz erneuet hat, will ich dich retten: fürchte dich nicht, denn ich bin ja der Herr, dein Gott, der Heilige Israels, dein Erlöser!
A. Tauet, Himmel rc. (wie oben.)

Zur Wandlung

V. Lasset uns jetzt im Geiste den Heiland anbeten auf allen Altären, auf welche er im gegenwärtigen Augenblicke durch die heilige Wandlung herabsteigt.

**(Die Meßdiener schellen, wie sonst zur Wandlung;
es wird das übliche Glockenzeichen gegeben)**

Zur Erhebung der hl. Hostie

V. Hochheiliger Leib des Herrn, wir beten dich an auf allen Altären, wo jetzt der Priester die hl. Hostie erhebt.
A. Heiliger Leib, für uns ans Kreuz genagelt, wir beten dich an.
V. „Lob und Dank sei ohne End':
A. Dem allerheiligsten und göttlichen Sakrament!"
Ablaß von 100 Tagen für dieses Schußgebet einmal täglich, donnerstags dreimal,
† III. Ω.

Zur Erhebung des hl. Blutes

V. Hochheiliges Blut des Herrn, wir beten dich an auf allen Altären, wo jetzt der Priester den hl. Kelch erhebt.

A. Heiliges Blut, für uns am Kreuze vergossen, wir beten dich an.

V. „Ewiger Vater, ich opfere dir auf das kostbare Blut Jesu Christi zur Sühnung für meine Sünden und für die Anliegen der hl. Kirche."
Ablaß von 100 Tagen jedesmal. Ω.

Zum Pater noster und Memento (Andenken) für die Verstorbenen

V. Gott himmlischer Vater! In Vereinigung mit dem Herzen deines Sohnes, welches sich auf den Altären dir opfert, wagen wir für uns und für die Armen Seelen jenes Gebet zu sprechen, welches sein göttlicher Mund uns gelehrt hat: Vater unser rc. **(Zweimal.)**

V. Herr, gib ihnen die ewige Ruhe.
A. Und das ewige Licht leuchte ihnen.

V. Befreie uns, o Herr, wir bitten dich, von allen vergangenen, gegenwärtigen und zukünftigen Übeln: und durch die Fürbitte der seligen und glorwürdigen allzeit jungfräulichen Gottesgebärerin Maria, deiner seligen Apostel Petrus und Paulus und Andreas und aller Heiligen gib gnädig den Frieden in unseren Tagen, damit wir durch deine mächtige Barmherzigkeit unterstützt, von der Sünde immer frei und vor aller Drangsal gesichert sein mögen. Durch denselben Jesum Christum deinen Sohn, unsern Herrn, der mit dir lebt und regiert in Einigkeit des Heiligen Geistes, Gott von Ewigkeit zu Ewigkeit.
A. Amen.

Zum Agnus Dei

V. O du Lamm Gottes, welches du hinwegnimmst die Sünden der Welt: **A.** Erbarme dich unser.
V. O du Lamm Gottes ... **A.** Erbarme dich unser.
V. O du Lamm Gottes ... **A.** Schenke uns den Frieden.
V. Lasset uns Gott durch die Verdienste Christi bitten, daß er seinen heiligen Frieden uns verleihen wolle:

Ablaßgebet

V. Verleihe, o Herr, den Frieden in unseren Tagen, weil kein anderer ist, der für uns kämpft, als du, unser Gott!
Es werde Friede in deiner Kraft.
A. Und Überfluß in deinen Türmen.[4]
V. Lasset uns beten: O Gott, von welchem die heiligen Begierden, die guten Entschlüsse und die gerechten Werke herkommen: gib deinen Dienern jenen Frieden, welchen die Welt nicht geben kann, damit unsere Herzen deinen Geboten ergeben und unsere Zeiten, von der Feinde Furcht befreit, durch deinen Schutz friedsam seien. Durch Christum unsern Herrn. **A.** Amen."
100 Tage Ablaß jedesmal, ✝ IV. Ω.

Zur Kommunion

Gesang

---

[4] Psalm 121. Unter dem Ausdruck „Türme" ist Jerusalem, hier das Jerusalem des Neuen Bundes, die Kirche, zu verstehen.

(Die Meßdiener schellen,
wie sonst zum Domine non sum dignus)

V. O Herr, ich bin nicht würdig, daß du eingehest unter mein Dach: sondern sprich nur ein Wort, so wird meine Seele gesund! (Dreimal.)

V. Anbetungswürdigster Jesu! Ich glaube fest, daß du in dem Allerheiligsten Sakramente des Altars wahrhaftig, wirklich und wesentlich zugegen bist. Ich liebe dich über alles. Aus Liebe zu dir bereue ich alle meine Sünden. In Ewigkeit will ich nicht mehr sündigen. Meine Seele verlangt, dich zu empfangen. Weil ich dich aber jetzt wesentlich nicht empfangen kann, so komme geistlicher Weise und kehre mit deiner Gnade in mein Herz ein!
A. O Jesu, komm in meine Seele!

V. Ich umarme dich, o Jesu, als schon wirklich gegenwärtig. Ich vereinige mich ganz mit dir. Lasse nicht zu, daß ich mich jemals von dir trenne!
A. O Jesu, laß mich nie mehr von dir getrennt werden!

Das folgende Gebet des hl. Ignatius wird abwechselnd (Zeile um Zeile) gesprochen:

Ablaßgebet

„Seele Christi, heilige mich!
Leib Christi, mache selig mich!
Blut Christi, tränke mich!
Wasser der Seite Christi, wasche mich!
O gütiger Jesu, erhöre mich!
In deine Wunden verberge mich!
Von dir laß nimmer scheiden mich!

Vor dem bösen Feind beschütze mich!
In meiner Todesstunde rufe mich,
Und laß zu dir dann kommen mich,
Damit ich könne loben dich
Mit deinen Heiligen ewiglich. Amen."

Ablaß von 300 Tagen jedesmal; nach Empfang der hl. Kommunion 7 Jahre einmal; † IV. Ω.

Zu den letzten Gebeten

Das Hohepriesterliche Gebet Jesu (Joh. 17)

V. Nach vollbrachtem Abendmahle hob Jesus seine Augen gen Himmel und betete zum Vater für die Apostel, für ihre Nachfolger und für alle Gläubigen, indem er sprach: „Heiliger Vater! Erhalte sie in deinem Namen, die du mir gegeben hast, auf daß sie Eins seien, wie wir es sind. Ich habe ihnen dein Wort anvertraut; und die Welt hasset sie, weil sie nicht von der Welt sind, wie auch ich nicht von der Welt bin. Ich bitte nicht, daß du sie von der Welt wegnehmest, sondern daß du sie vor dem Bösen bewahrest. Heilige sie in der Wahrheit. Dein Wort ist die Wahrheit. Wie du mich in die Welt gesandt hast, so sende auch ich sie in die Welt. Und ich heilige mich selbst für sie, damit auch sie in der Wahrheit geheiligt seien. Aber ich bitte nicht für sie allein, sondern auch für diejenigen, welche durch ihr Wort an mich glauben werden: damit alle Eins seien, wie du, Vater, in mir und ich in dir; damit auch sie in uns Eins seien: damit die Welt glaube, daß du mich gesandt hast. Und ich habe die Herrlichkeit, welche du mir gegeben hast, auch ihnen gegeben: damit sie Eins seien, wie auch wir Eins sind, ich in ihnen und du in mir; damit sie vollkommen Eins seien, und die Welt erkenne, daß du mich gesandt hast und sie liebst, wie du auch mich liebst. Vater, ich will, daß, wo ich bin, auch die bei mir seien, die du mir gegeben hast;

damit sie meine Herrlichkeit sehen, die du mir gegeben hast: denn du hast mich geliebt, ehe die Welt gegründet ward. Gerechter Vater, die Welt hat dich nicht erkannt: ich aber habe dich erkannt, und diese haben erkannt, daß du mich gesandt hast. Und ich habe ihnen deinen Namen bekannt gemacht, und ich werde ihn bekannt machen: damit die Liebe, womit du mich geliebt, in ihnen sei und ich in ihnen."

A. Vater, erhöre dieses Gebet deines vielgeliebten Sohnes! Schütze die Kirche, segne deine Kinder!

V. Daß du deine heilige Kirche regieren und erhalten wollest:

A. Wir bitten dich, erhöre uns!

Daß du den obersten Hirten und alle Stände der Kirche in der heiligen Religion erhalten wollest, —

Daß du dem ganzen christlichen Volke Frieden und Einigkeit verleihen wollest, —

Daß du uns selbst in deinem heiligen Dienste stärken und erhalten wollest, —

Daß du uns dereinst in die ewige Herrlichkeit deines Sohnes aufnehmen wollest, —

Heilige Maria, **A. Bitte für uns!**

Du Hilfe der Christen, —

Heiliger Michael, —

Heiliger Joseph, —

Heiliger Petrus, —

Heiliger Paulus, —

Heiliger N., Patron unserer Kirche, —

Ihr lieben Heiligen, deren Reliquien hier in dem Altare (den Altären) sind, **A. Bittet für uns!**

V. Alle Heiligen und Auserwählten Gottes, **A. Bittet für uns!**

Zum Segen

V. Vater im Himmel! Wir haben keinen Priester, der uns den Segen spende. Darum segne du selbst uns von deinem Himmelsthrone herab!
A. Vater, segne deine Kinder!

Ablaßgebet

V. „Ewiger Vater, wir opfern dir auf das kostbare Blut Jesu, welches er mit so großer Liebe und so großen Schmerzen aus der Wunde seiner rechten Hand für uns vergossen hat, und bitten deine göttliche Majestät durch die Verdienste und die Kräfte desselben, uns deinen heiligen Segen zu erteilen, damit wir dadurch gegen unsere Feinde beschützt und gnädig von allen Übeln befreit werden mögen, indem wir sprechen:
A. Der Segen des allmächtigen Gottes, des Vaters und des Sohnes und des Heiligen Geistes komme über uns und bleibe bei uns allezeit. Amen.
V. Lasset uns der Allerheiligsten Dreifaltigkeit für alle empfangenen Wohltaten Dank sagen:
Vater unser… Gegrüßet… Ehre sei…"
Ablaß von 100 Tagen jedesmal für vorstehendes Gebet und das als Danksagung beigefügte Vater unser rc.; †III. Ω.

Zum Abschluß

Alle stehen auf und bezeichnen Stirn, Mund und Brust mit dem Kreuzzeichen, während der Vorbeter spricht:

V. Anfang des heiligen Evangeliums nach Johannes. Im Anfang war das Wort und das Wort war bei Gott und Gott war das Wort. Dieses war im Anfang bei Gott. Alles ist durch dasselbe gemacht, und ohne dasselbe ist nichts gemacht, was da gemacht ist. In ihm war das Leben, und das Leben war das Licht der Menschen. Und das Licht leuchtete in der Finsternis, aber die Finsternis hat es nicht begriffen. Es war ein Mensch von Gott gesandt, der hieß Johannes. Dieser kam zum Zeugnisse, damit er Zeugnis von dem Lichte gäbe, auf daß alle durch ihn glauben möchten. Er war nicht das Licht, sondern, damit er Zeugnis gäbe von dem Lichte. Dieses war das wahrhaftige Licht, welches erleuchtet jeden Menschen, der in diese Welt kommt. Es war in der Welt und die Welt ist durch dasselbe gemacht worden; und die Welt hat ihn nicht erkannt. Er kam in sein Eigentum und die Seinigen nahmen ihn nicht auf. Wie viele ihn aber aufnahmen, denen gab er Macht, Kinder Gottes zu werden, denen, die an seinen Namen glauben; welche nicht aus dem Geblüte, noch aus dem Willen des Fleisches, noch aus dem Willen des Mannes, sondern aus Gott geboren sind. Und das Wort ist Fleisch geworden (hier knien alle, und stehen dann gleich wieder auf), und hat unter uns gewohnt; und wir haben gesehen seine Herrlichkeit, eine Herrlichkeit als des Eingebornen vom Vater, voll der Gnade und Wahrheit.

Die Erklärung dieses erhabenen Evangeliums, welches der Priester zum Schluss der heiligen Messe betet, findet man in der Handpostille bei der dritten Messe an Weihnachten.

Hierauf wird der „Engel des Herrn" gebetet, und zwar sonntags und während der ganzen österlichen Zeit stehend, an den andern Tagen kniend, auch wenn ein gebotener Feiertag in die Woche fällt (Seite 33).

Gesang

ZWEITE MESSANDACHT

ZU EHREN DER ALLERSELIGSTEN JUNGFRAU

Zum Eingang

Gesang

Es werden die Meßgesänge genommen; doch können auch andere passende Lieder gesungen werden.

V. Wir machen die Meinung, alle heiligen Ablässe zu gewinnen, welche mit den Gebeten verbunden sind, die wir in gegenwärtiger Andachtsstunde und am heutigen Tage verrichten werden.

V. „Im Namen des + Vaters rc." **(50 Tage Ablaß)**
Ich will hintreten zum Altare Gottes.
A. Zu Gott, der meine Jugend erfreut.
V. Unsere Hilfe + ist im Namen des Herrn,
A. Der Himmel und Erde gemacht hat.

V. Ich bekenne Gott dem Allmächtigen, der seligen allezeit jungfräulichen Maria, dem seligen Erzengel Michael, dem seligen Johannes dem Täufer, den heiligen Aposteln Petrus und Paulus und allen Heiligen, daß ich gar sehr gesündigt habe in Gedanken, Worten und Werken, durch meine Schuld, durch meine Schuld, durch meine größte Schuld: darum bitte ich die selige allezeit jungfräuliche Maria, den seligen Erzengel Michael, den seligen Johannes den Täufer, die heiligen Apostel Petrus und Paulus und alle Heiligen, für mich zu beten bei dem Herrn, unserm Gott.

Hier folgt: **Litanei von der Liebesreue (Seite 28).**

Zum Kyrie

V. Herr, erbarme dich unser.
A. Herr, erbarme dich unser.
V. Herr, erbarme dich unser.
A. Christe, erbarme dich unser.
V. Christe, erbarme dich unser.
A. Christe, erbarme dich unser.
V. Herr, erbarmedich unser.
A. Herr, erbarme dich, unser.
V. Herr, erbarme dich unser.

Zum Gloria

Ehre sei Gott in der Höhe und Friede den Menschen auf Erden, die eines guten Willens sind. Wir loben dich, wir preisen dich, wir beten dich an; wir verherrlichen dich, wir danken dir wegen deiner großen Herrlichkeit: Herr Gott, König des Himmels, Gott allmächtiger Vater! Herr Jesu Christe, eingeborener Sohn, Herr und Gott, Lamm Gottes, Sohn des Vaters; der du hinwegnimmst die Sünden der Welt, erbarme dich unser! der du hinwegnimmst die Sünden der Welt, nimm an unser Flehen! der du sitzest zur Rechten des Vaters, erbarme dich unser! denn du allein bist heilig, du allein der Herr, du allein der Allerhöchste, Jesus Christus, mit dem Heiligen Geiste in der Herrlichkeit Gottes des Vaters. Amen.

Gesang zum Gloria

Zu den Kollekten oder Sammelgebeten

V. Lasset uns beten: Allerreinste Jungfrau Maria, du Zuflucht der Sünder! Wir bitten dich durch deine unbefleckte Empfängnis und immerwährende Sündenlosigkeit: erlange uns von Jesus, deinem Sohne, die Zerknirschung des Herzens, Vergebung der Sünden und standhafte Besserung des Lebens.

A. „O Maria, ohne Sünde empfangen, bitte für uns, die wir unsere Zuflucht zu dir nehmen."
Ablaß von 100 Tagen jedesmal; †IV. Ω

V. Gütigste Mutter Maria, du Trösterin der Betrübten, wir bitten dich durch die reichlichen Tränen, welche du bei dem Verluste des zwölfjährigen Jesus geweint, und durch die selige Freude, da du ihn im Tempel wiedergefunden: erlange uns von Jesus deinem Sohne die Gnade, daß wir ihn bald hier in unserm Tempel wiederfinden und seiner süßen Gegenwart im hl. Opfer und Sakramente uns wieder erfreuen mögen.

A. „O Maria, ohne Sünde empfangen …" (wie oben.)

V. Glorreiche Königin Maria, du Hilfe der Christen! Wir bitten dich durch die große Herrlichkeit, mit welcher du nach deiner Aufnahme im Himmel gekrönt wurdest: erlange uns von Jesus, deinem göttlichen Sohne die Gnade, daß die heilige Kirche mit Herrlichkeit gekrönt werde und wir alle einstens im Himmel die Krone des Sieges erlangen.

A. „O Maria, ohne Sünde empfangen …" (wie oben.)

Zur Epistel und zum Evangelium

Gesang zur Anrufung des Heiligen Geistes

V. Rufen wir den Beistand des Heiligen Geistes an für uns und für die heilige Kirche:

V. „Komm, o Heil'ger Geist,
sende uns von oben
Deines Lichtes Strahl:

A. Komm, der Armen Vater,
komm, der Gaben Spender,
komm, der Herzen Licht.

V. Bester aller Tröster,
süßer Gast der Seelen,
Labsal mild und süß:

A. In der Arbeit Ruhe,
in der Hitze Kühlung,
in den Tränen Trost!

V. Sel'ges Licht, erfülle
du der gläub'gen Seelen
tiefsten Herzensgrund:

A. Ohne deine Gnade
ist nichts in dem Menschen
ist nichts ohne Schuld.

V. Wasche, was da schmutzig,
und was dürr, begieße,
heile, was da wund:

A.	Und was starr ist, beuge, und was kalt, erwärme, leite, was verirrt.
V.	Allen, die da gläubig hoffen, gib der Gaben heil'ge Siebenzahl:
A.	Tugend gib im Leben, Heil gib uns im Tode und den ew'gen Lohn. Amen."

Ablaß von 100 Tagen jedesmal; † II. Ω.

Hierauf wird die Epistel des Tages vorgelesen. Darauf:

V. Andächtige Christen, stehet jetzt auf, bezeichnet euch mit dem Zeichen des hl. Kreuzes sprechend: „Im Namen des + Vaters und des + Sohnes und des Heiligen + Geistes. Amen" — und vernehmet die Worte des heutigen sonntäglichen (festtäglichen) Evangeliums, welches ausgezeichnet hat der heilige Evangelist... im... Kapitel... bis... Vers.

Hierauf folgt die Lesung des Evangeliums nebst einer kurzen Auslegung aus der Postille.

Die Lesung dauere nicht über eine halbe Stunde. Ist dann die Auslegung in der Postille noch nicht zu Ende, so werde das Übrige nachher zu Hause im Kreise der Familie vorgelesen. Nach der Lesung kann gebetet werden ein Vater unser für den Heiligen Vater und die Anliegen der Kirche, ein zweites für Erlangung einer seligen Sterbestunde, ein drittes für die Abgestorbenen.

Zum Credo

Glaubensübung (Ablaßgebet)

V. „O mein Gott! ich glaube an dich und alles, was du geoffenbart hast und was die heilige katholische Kirche zu glauben vorstellt. Ich glaube insbesondere, daß Maria, die seligste Jungfrau, wahrhaft ist die Gottesgebärerin; ich glaube fest und unbezweifelt, daß sie Mutter und Jungfrau zugleich ist und frei von jeder auch der kleinsten persönlichen Sünde. Ebenso fest und zweifellos glaube ich, daß Maria im ersten Augenblicke ihrer Empfängnis durch besondere Gnade und Bevorzugung von Seiten des allmächtigen Gottes im Hinblicke auf die Verdienste Jesu Christi, des Erlösers des Menschengeschlechts, unversehrt von jeder Makel der Erbsünde bewahrt worden ist.

Ebenso fest und unbezweifelt glaube ich: daß der römische Papst, wenn er von seinem Lehrstuhle aus spricht, das heißt, wenn er in Ausübung seines Amtes als Hirte und Lehrer aller Christen, kraft seiner höchsten apostolischen Gewalt eine von der gesamten Kirche festzuhaltende, den Glauben oder die Sitten betreffende Lehre entscheidet, vermöge des göttlichen im hl. Petrus ihm verheißenen Beistandes jene Unfehlbarkeit besitzt, mit welcher der göttliche Erlöser seine Kirche in Entscheidung einer den Glauben oder die Sitten betreffenden Lehre ausgestattet wissen wollte, und daß daher solche Entscheidungen des römischen Papstes aus sich selbst, nicht aber erst durch Zustimmung der Kirche unabänderlich sind.

A. Dieses alles glaube ich, weil es deine hl. Kirche, welche die Säule und Grundfeste der Wahrheit ist, welche nie geirrt hat und nie irren kann, zu glauben vorstellt."
Ablaß von 100 Tagen.

Zum Offertorium

(Die Meßdiener schellen)

Aufopferung aller heiligen Messen

(Ablaßgebet)

V. „Herr, allmächtiger Gott! siehe, ich werfe mich vor dir nieder, um deine göttliche Majestät im Namen aller Geschöpfe anzubeten und zu versöhnen. Wie aber sollte ich, selbst ein Armseliger, ein Sünder, dieses vermögen? Und doch, ich kann es, ich will es, denn ich weiß, daß es dein Wohlgefallen ist, der Vater der Barmherzigkeit genannt zu werden, und daß du aus Liebe zu uns deinen eingeborenen Sohn hingegeben hast, der sich am Kreuze für uns geopfert hat, und unablässig auf unsern Altären das Opfer seiner Selbst für uns erneuert. Und darum, wiewohl ein Sünder, aber ein reuiger Sünder, wiewohl ein Armseliger, aber reich in Jesus Christus, stelle ich mich dir vor, um dir in Vereinigung mit der Liebesglut der Engel und der Heiligen und mit den Anmutungen des unbefleckten Herzens der allerseligsten Jungfrau im Namen aller Geschöpfe alle heiligen Messen aufzuopfern, die gegenwärtig gefeiert werden, zugleich mit allen Messen, die bereits gefeiert worden sind und bis zum Ende der Welt gefeiert werden sollen. Ich mache ferner die Meinung, diese Aufopferung in jedem Augenblicke dieses Tages und meines ganzen Lebens zu erneuern, um deiner unendlichen Majestät eine deiner würdige Ehre und Verherrlichung zu erweisen, um deinen Unwillen zu besänftigen und deiner Gerechtigkeit genugzutun für unsere vielen und großen Sünden, um dir einen deinen Wohltaten entsprechenden Dank zu erstatten, und um deine Erbarmungen anzurufen über mich und alle Sünder, über alle lebenden und abgestorbenen Gläubigen, über die ganze Kirche und vorzüglich über ihr sichtbares Oberhaupt, den Heiligen Vater in Rom, und endlich auch über alle Unglücklichen, die in der Spaltung, in der Ketzerei und im Unglauben dahinleben, damit sie sich bekehren und damit auch sie gerettet werden. Amen."

Ablaß von 3 Jahren, wenn man zu Anfang des Tages vorstehende Aufopferung betet.

A. O Gott, wir empfehlen uns in alle hl. Messen auf der ganzen Erde. Mit dem Opfer Jesu vereinigt, opfern wir uns selbst dir auf.

Gesang zur Opferung

Zur Präfation

V. Erhebet eure Herzen.
A. Wir haben sie erhoben zu dem Herrn.
V. Lasset uns Dank sagen dem Herrn unserm Gott.
A. Es ist würdig und gerecht.

V. Ja, es ist wahrhaft würdig und gerecht, billig und heilsam, daß wir allzeit und überall dir Dank sagen, heiliger Herr, allmächtiger Vater, ewiger Gott, und in der Verehrung der seligsten und allzeit reinen Jungfrau Maria dich loben, benedeien und preisen; denn sie hat deinen Eingebornen Sohn durch die Überschattung des Heiligen Geistes empfangen und in der unversehrten Glorie der Jungfräulichkeit der Welt das ewige Licht geboren, Jesum Christum unsern Herrn; durch welchen deine Majestät die Engel loben, die Gewalten anbeten, die Mächte zitternd verehren, die Himmel und die Kräfte der Himmel und die seligen Seraphim mit einstimmigem Jubel feiern. Mit ihnen laß auch unsere Lobpreisungen sich zu dir erheben, indem wir mit demütigem Bekenntnisse sprechen:

(Die Meßdiener schellen)

A. „Heilig, heilig, heilig bist du Herr, Gott der Heerscharen. Die Erde ist deiner Herrlichkeit voll. Ehre sei dem Vater, Ehre sei dem Sohne, Ehre sei dem Heiligen Geiste!"
100 Tage Ablaß

Vor der Wandlung

Seufzer nach der Ankunft des Heilandes

Nach dem Propheten Isaias. Wie die Gerechten des Alten Bundes nach der Ankunft des Erlösers, so verlangt die verwaiste Gemeinde nach seiner Rückkehr im hl. Opfer und Sakramente.

V. Tauet, Himmel, den Gerechten! [5] Wolken, regnet ihn herab!
A. Tauet, Himmel, den Gerechten! Wolken, regnet ihn herab!

V. Zürne nicht, o Herr, und gedenke nicht fürder unserer Missetat! Siehe, die Stadt deines Heiligtumes ist verwüstet, Sion ist wüste geworden, Jerusalem ist verödet, das Haus deiner Heiligung und deiner Herrlichkeit, wo dich gepriesen unsere Väter!
A. Tauet, Himmel rc. (wie oben.)

V. Wir haben gesündigt und sind unrein geworden, und wir alle sind abgefallen wie ein Blatt, und unsere Übeltaten haben uns dahingerissen wie ein Wind; dein Angesicht hast du vor uns verborgen und ließest uns zermalmt werden durch unsere Missetaten.
A. Tauet, Himmel rc. (wie oben.)

---

[5] den Heiland.

V. Siehe an, o Herr, die Not deines Volkes, und sende, den du senden willst; sende uns das Lamm, den Beherrscher der Erde vom Felsen der Wüste zum Berge der Tochter Sion, daß er von uns hinwegnehme das Joch der Gefangenschaft.
A. Tauet, Himmel rc. (wie oben.)

V. O tröstet euch, tröstet euch, mein Volk! Bald wird kommen dein Heil. Warum verzehrst du dich in Trauer? Weil dich der Reueschmerz erneuet hat, will ich dich retten: fürchte dich nicht, denn ich bin ja der Herr, dein Gott, der Heilige Israels, dein Erlöser!
A. Tauet, Himmel rc. (wie oben.)

Zur Wandlung

V. Lasset uns jetzt im Geiste den Heiland anbeten auf allen Altären, auf welche er im gegenwärtigen Augenblicke durch die hl. Wandlung herabsteigt.

(Die Meßdiener schellen, wie sonst zur Wandlung; es wird das übliche Glockenzeichen gegeben.)

Zur Erhebung der hl. Hostie

V. Hochheiliger Leib des Herrn, wir beten dich an auf allen Altären, wo jetzt der Priester die hl. Hostie erhebt.
A. Heiliger Leib, für uns ans Kreuz genagelt, wir beten dich an.
V. „Lob und Dank sei ohne End':
A. Dem allerheiligsten und göttlichen Sakrament!"
Ablaß von 100 Tagen für dieses Schußgebet einmal täglich, donnerstags dreimal, † III. Ω

Zur Erhebung des hl. Blutes

V. Hochheiliges Blut des Herrn, wir beten dich an auf allen Altären, wo jetzt der Priester den hl. Kelch erhebt.
A. Heiliges Blut, für uns am Kreuze vergossen, wir beten dich an.
V. „Ewiger Vater, ich opfere dir auf das kostbare Blut Jesu Christi zur Sühnung für meine Sünden und für die Anliegen der hl. Kirche."
Ablaß von 100 Tagen jedesmal. Ω.

Zum Pater noster und Memento (Andenken) für die Verstorbenen

V. Gott himmlischer Vater! In Vereinigung mit dem Herzen deines Sohnes, welches sich auf den Altären dir opfert, wagen wir für uns und für die Armen Seelen jenes Gebet zu sprechen, welches sein göttlicher Mund uns gelehrt hat:
Vater unser rc. (zweimal.)

V. Herr, gib ihnen die ewige Ruhe.
A. Und das ewige Licht leuchte ihnen.

V. Befreie uns, o Herr, wir bitten dich, von allen vergangenen, gegenwärtigen und zukünftigen Übeln: und durch die Fürbitte der seligen und glorwürdigen allzeit jungfräulichen Gottesgebärerin Maria, deiner seligen Apostel Petrus und Paulus und Andreas und aller Heiligen gib gnädig den Frieden in unsern Tagen, damit wir durch deine mächtige Barmherzigkeit unterstützt, von der Sünde immer frei und vor aller Drangsal gesichert sein mögen. Durch denselben Jesum Christum deinen Sohn, unsern Herrn, der mit dir lebt und regiert in Einigkeit des Heiligen Geistes, Gott von Ewigkeit zu Ewigkeit. **A.** Amen.

Zum Agnus Dei

V. O du Lamm Gottes, welches du hinwegnimmst die Sünden der Welt: **A.** Erbarme dich unser.
V. O du Lamm Gottes ... **A.** Erbarme dich unser.
V. O du Lamm Gottes ... **A.** Schenke uns den Frieden.
V. Lasset uns Gott durch die Verdienste Christi bitten, daß er seinen heiligen Frieden uns verleihen wolle:

Ablaßgebet

V. Verleihe, o Herr, den Frieden in unseren Tagen, weil kein anderer ist, der für uns kämpft, als du, unser Gott!
Es werde Friede in deiner Kraft.
A. Und Überfluß in deinen Türmen.[6]
V. Lasset uns beten: O Gott, von welchem die heiligen Begierden, die guten Entschlüsse und die gerechten Werke herkommen: gib deinen Dienern jenen Frieden, welchen die Welt nicht geben kann, damit unsere Herzen deinen Geboten ergeben und unsere Zeiten, von der Feinde Furcht befreit, durch deinen Schutz friedsam seien. Durch Christum unsern Herrn. **A.** Amen."
100 Tage Ablaß jedesmal, † IV. Ω

Zur Kommunion

Gesang

---

[6] Psalm 121. Unter dem Ausdruck „Türme" ist Jerusalem, hier das Jerusalem des Neuen Bundes, die Kirche, zu verstehen.

V. O Herr, ich bin nicht würdig, daß du eingehest unter mein Dach: sondern sprich nur ein Wort, so wird meine Seele gesund! **(Dreimal.)**

V. Anbetungswürdigster Jesu! Ich glaube fest, daß du in dem Allerheiligsten Sakramente des Altars wahrhaftig, wirklich und wesentlich zugegen bist. Ich liebe dich über alles. Aus Liebe zu dir bereue ich alle meine Sünden. In Ewigkeit will ich nicht mehr sündigen. Meine Seele verlangt, dich zu empfangen. Weil ich dich aber jetzt wesentlich nicht empfangen kann, so komme geistlicher Weise und kehre mit deiner Gnade in mein Herz ein!
A. O Jesu, komm in meine Seele!
V. Ich umarme dich, o Jesu, als schon wirklich gegenwärtig. Ich vereinige mich ganz mit dir. Lasse nicht zu, daß ich mich jemals von dir trenne!
A. O Jesu, laß mich nie mehr von dir getrennt werden!

Das folgende Gebet des hl. Ignatius wird abwechselnd (Zeile um Zeile) gesprochen:

Ablaßgebet

„Seele Christi, heilige mich!
Leib Christi, mache selig mich!
Blut Christi, tränke mich!
Wasser der Seite Christi, wasche mich!
O gütiger Jesu, erhöre mich!
In deine Wunden verberge mich!
Von dir laß nimmer scheiden mich!
Vor dem bösen Feind beschütze mich!
In meiner Todesstunde rufe mich,

Und laß zu dir dann kommen mich,
Damit ich könne loben dich
Mit deinen Heiligen ewiglich. Amen."
Ablaß von 300 Tagen jedesmal; nach Empfang der hl. Kommunion 7 Jahre
einmal; † IV. Ω

Zu den letzten Gebeten

V. Bitten wir die allerseligste Jungfrau um Schutz für Leib und Seele:

Ablaßgebet

V. Heiligste Jungfrau, Mutter des fleischgewordenen Wortes,
Bewahrerin des Schatzes der Gnaden, unsere und aller armen
Sünder Zuflucht! Wir wenden uns mit lebendigem Glauben an deine
mütterliche Liebe und bitten dich, du wollest uns die Gnade
erlangen, immer den Willen Gottes und den deinigen zu tun. Wir
legen unser Herz in deine Hände, o heiligste Mutter, wir begehren
von dir das Heil der Seele und des Leibes und wir hoffen
zuversichtlich, daß du, unsere liebreichste Mutter, uns erhören
werdest, und sprechen daher mit lebendigem Glauben:
Gegrüßet seist du, Maria rc. (Dreimal.)

V. Lasset uns beten. Bewahre, o Herr, wir bitten dich, durch die
Fürbitte der seligsten und allzeit reinen Jungfrau Maria vor aller
Krankheit deine Diener, die zu deinen Füßen hingeworfen von
ganzem Herzen zu dir flehen, und beschütze uns gnädig gegen alle
Nachstellungen des Feindes. Durch Jesum Christum unsern Herrn.
A. Amen."
Ablaß von 200 Tagen Ω.
V. Daß du deine heilige Kirche regieren und erhalten wollest:

A. Wir bitten dich, erhöre uns!

Daß du den obersten Hirten und alle Stände der Kirche in der heiligen Religion erhalten wollest, —

Daß du dem ganzen christlichen Volke Frieden und Einigkeit verleihen wollest, —

Daß du uns selbst in deinem heiligen Dienste stärken und erhalten wollest, —

Daß du uns dereinst in die ewige Herrlichkeit deines Sohnes aufnehmen wollest, —

Heilige Maria,   **A. Bitte für uns!**

Du Hilfe der Christen, —

Heiliger Michael, —

Heiliger Joseph, —

Heiliger Petrus, —

Heiliger Paulus, —

Heiliger N., Patron unserer Kirche, —

Ihr lieben Heiligen, deren Reliquien hier in dem Altare (den Altären) sind,   **A. Bittet für uns!**

V. Alle Heiligen und Auserwählten Gottes,   **A. Bittet für uns!**

Zum Segen

V. Vater im Himmel! Wir haben keinen Priester, der uns den Segen spende. Darum segne du selbst uns von deinem Himmelsthrone herab!

A. Vater, segne deine Kinder!

Ablaßgebet

V. „Ewiger Vater, wir opfern dir auf das kostbare Blut Jesu, welches er mit so großer Liebe und so großen Schmerzen aus der Wunde seiner rechten Hand für uns vergossen hat, und bitten deine göttliche Majestät durch die Verdienste und die Kräfte desselben, uns deinen heiligen Segen zu erteilen, damit wir dadurch gegen unsere Feinde beschützt und gnädig von allen Übeln befreit werden mögen, indem wir sprechen:

A. Der Segen des allmächtigen Gottes, des Vaters und des Sohnes und des Heiligen Geistes komme über uns und bleibe bei uns allezeit. Amen.
V. Lasset uns der Allerheiligsten Dreifaltigkeit für alle empfangenen Wohltaten Dank sagen:
Vater unser... Gegrüßet... Ehre sei..."
Ablaß von 100 Tagen jedesmal für vorstehendes Gebet und das als Danksagung beigefügte Vater unser rc.; †III. Ω

Zum Abschluß

Alle stehen auf und bezeichnen Stirn, Mund und Brust mit dem Kreuzzeichen, während der Vorbeter spricht:

V. Anfang des heiligen Evangeliums nach Johannes. Im Anfang war das Wort und das Wort war bei Gott und Gott war das Wort. Dieses war im Anfang bei Gott. Alles ist durch dasselbe gemacht, und ohne dasselbe ist nichts gemacht, was da gemacht ist. In ihm war das Leben, und das Leben war das Licht der Menschen. Und das Licht leuchtete in der Finsternis, aber die Finsternis hat es nicht begriffen. Es war ein Mensch von Gott gesandt, der hieß Johannes. Dieser kam zum Zeugnisse, damit er Zeugnis von dem Lichte gäbe, auf daß alle durch ihn glauben möchten. Er war nicht das Licht, sondern, damit er Zeugnis gäbe von dem Lichte. Dieses war das wahrhaftige Licht, welches erleuchtet jeden Menschen, der in diese Welt kommt. Es war in der Welt und die Welt ist durch dasselbe gemacht worden; und die Welt hat ihn nicht erkannt. Er kam in sein Eigentum und die

Seinigen nahmen ihn nicht auf. Wie viele ihn aber aufnahmen, denen gab er Macht, Kinder Gottes zu werden, denen, die an seinen Namen glauben; welche nicht aus dem Geblüte, noch aus dem Willen des Fleisches, noch aus dem Willen des Mannes, sondern aus Gott geboren sind. Und das Wort ist Fleisch geworden (hier knien alle, und stehen dann gleich wieder auf), und hat unter uns gewohnt; und wir haben gesehen seine Herrlichkeit, eine Herrlichkeit als des Eingebornen vom Vater, voll der Gnade und Wahrheit.

Gesang

DRITTE MESSANDACHT

UM EINEN SELIGEN TOD

Zum Eingang

Gesang

Es werden die Meßgesänge genommen; doch können auch andere passende Lieder gesungen werden.

V. Wir machen die Meinung, alle heiligen Ablässe zu gewinnen, welche mit den Gebeten verbunden sind, die wir in gegenwärtiger Andachtsstunde und am heutigen Tage verrichten werden.

V. „Im Namen des + Vaters rc." **(50 Tage Ablaß)**
Ich will hintreten zum Altare Gottes.
A. Zu Gott, der meine Jugend erfreut.
V. Unsere Hilfe + ist im Namen des Herrn,
A. Der Himmel und Erde gemacht hat.

V. Ich bekenne Gott dem Allmächtigen, der seligen allezeit jungfräulichen Maria, dem seligen Erzengel Michael, dem seligen Johannes dem Täufer, den heiligen Aposteln Petrus und Paulus und allen Heiligen, daß ich gar sehr gesündigt habe in Gedanken, Worten und Werken, durch meine Schuld, durch meine Schuld, durch meine größte Schuld: darum bitte ich die selige allezeit jungfräuliche Maria, den seligen Erzengel Michael, den seligen Johannes den Täufer, die heiligen Apostel Petrus und Paulus und alle Heiligen, für mich zu beten bei dem Herrn, unserm Gott.

Hier folgt: **Litanei von der Liebesreue (Seite 28).**

Zum Kyrie

V. Herr, erbarme dich unser.
A. Herr, erbarme dich unser.
V. Herr, erbarme dich unser.
A. Christe, erbarme dich unser.
V. Christe, erbarme dich unser.
A. Christe, erbarme dich unser.
V. Herr, erbarmedich unser.
A. Herr, erbarme dich, unser.
V. Herr, erbarme dich unser.

Zum Gloria

Ehre sei Gott in der Höhe und Friede den Menschen auf Erden, die eines guten Willens sind. Wir loben dich, wir preisen dich, wir beten dich an; wir verherrlichen dich, wir danken dir wegen deiner großen Herrlichkeit: Herr Gott, König des Himmels, Gott allmächtiger Vater! Herr Jesu Christe, eingeborener Sohn, Herr und Gott, Lamm Gottes, Sohn des Vaters; der du hinwegnimmst die Sünden der Welt, erbarme dich unser! der du hinwegnimmst die Sünden der Welt, nimm an unser Flehen! der du sitzest zur Rechten des Vaters, erbarme dich unser! denn du allein bist heilig, du allein der Herr, du allein der Allerhöchste, Jesus Christus, mit dem Heiligen Geiste in der Herrlichkeit Gottes des Vaters. Amen.

Gesang zum Gloria

Zu den Kollekten oder Sammelgebeten

V. Lasset uns beten: Allmächtiger Vater, ewiger Gott! blicke gnädig herab auf deine arme verwaiste Gemeinde, welche hier vor dir versammelt ist. Wir haben deinen gerechten Zorn verdient, da wir früher in der Fülle aller Gnaden gegen dich so undankbar gewesen. „Wir haben gesündigt, wir haben Bosheit verübt, wir haben gottlos gehandelt und sind vom Herrn abgewichen." Aber nun kehren wir reuevoll zu dir zurück, und aus dem Abgrunde unseres Elendes rufen wir zu dem Abgrunde deiner Barmherzigkeit, daß du dich unser erbarmest. Vater! deine Kinder bitten dich um Brot; wir bitten um das Brot der Seele, um deine Gnade!

A. Erbarme dich unser, o Herr, erbarme dich unser.
V. Heiliger Gott, heiliger starker Gott, heiliger unsterblicher Gott!
A. Erbarme dich unser.

V. Es trauert der Altar, leer ist der Tabernakel. Wir haben keinen Priester mehr, der das Versöhnungsopfer für uns darbringe; wir haben das hochheilige Sakrament nicht mehr in unserer Mitte. Ach Jesus, liebster Jesus, warum hast du uns verlassen? Vergib uns doch die Unbilden, welche wir dir in diesem Opfer und Sakramente ehedem zugefügt, kehre zurück zu deinen bußfertigen Kindern und wohne wieder bei uns! Da wir aber jetzt deine süße Gegenwart noch nicht genießen können, so segne uns wenigstens aus der Ferne von jenen Altären, auf welchen du heute dich opferst; denn du hast ja auch den Sohn des königlichen Hauptmannes aus der Ferne geheilt. Laß uns einige Brosamen von dem reichen Gnadentische zukommen, den du in der katholischen Kirche bereitet hast; denn „auch die Hündlein essen von den Brosamen, die von ihrer Herren Tische fallen," (Mt. 15) wir aber sind doch deine Kinder!

A. Erbarme dich unser, o Herr, erbarme dich unser!
V. Heiliger Gott, heiliger starker Gott, heiliger unsterblicher Gott!
A. Erbarme dich unser.

V. Verödet sind Beichtstuhl und Kanzel. Gott Heiliger Geist, du Gnadenspender, Lehrer der Wahrheit, den wir so oftmals verachtet, dessen Gnaden wir so schmählich veruntreut haben: neige dich doch wieder zu uns Flehenden und nimm hinweg von uns unsere Missetaten. Sei unser Tröster, sei unser Lehrer, unterweise uns in deinem heiligen Gesetze und gib uns Kraft, es zu erfüllen.

A. Erbarme dich unser, o Herr, erbarme dich unser!
V. Heiliger Gott, heiliger starker Gott, heiliger unsterblicher Gott!
A. Erbarme dich unser.

Der Vorbeter spricht nun das Kirchengebet des Tages aus der Handpostille.

Zur Epistel und zum Evangelium

Gesang zur Anrufung des Heiligen Geistes

V. Rufen wir den Beistand des Heiligen Geistes an für uns und für die heilige Kirche:

> V.   „Komm, o Heil'ger Geist,
> sende uns von oben
> Deines Lichtes Strahl:

74

A.	Komm, der Armen Vater, komm, der Gaben Spender, komm, der Herzen Licht.
V.	Bester aller Tröster, süßer Gast der Seelen, Labsal mild und süß:
A.	In der Arbeit Ruhe, in der Hitze Kühlung, in den Tränen Trost!
V.	Sel'ges Licht, erfülle du der gläub'gen Seelen tiefsten Herzensgrund:
A.	Ohne deine Gnade ist nichts in dem Menschen ist nichts ohne Schuld.
V.	Wasche, was da schmutzig, und was dürr, begieße, heile, was da wund:
A.	Und was starr ist, beuge, und was kalt, erwärme, leite, was verirrt.
V.	Allen, die da gläubig hoffen, gib der Gaben heil'ge Siebenzahl:

A.   Tugend gib im Leben,
        Heil gib uns im Tode
        und den ew'gen Lohn. Amen."
Ablaß von 100 Tagen jedesmal; † II. Ω.

Hierauf wird die Epistel des Tages vorgelesen. Darauf:

V. Andächtige Christen, stehet jetzt auf, bezeichnet euch mit dem Zeichen des hl. Kreuzes sprechend: „Im Namen des + Vaters und des + Sohnes und des Heiligen + Geistes. Amen" — und vernehmet die Worte des heutigen sonntäglichen (festtäglichen) Evangeliums, welches aufgezeichnet hat der heilige Evangelist... im... Kapitel... bis... Vers.

Hierauf folgt die Lesung des Evangeliums nebst einer kurzen Auslegung aus der Postille.

Die Lesung dauere nicht über eine halbe Stunde. Ist dann die Auslegung in der Postille noch nicht zu Ende, so werde das Übrige nachher zu Hause im Kreise der Familie vorgelesen. Nach der Lesung kann gebetet werden ein Vater unser für den Heiligen Vater und die Anliegen der Kirche, ein zweites für Erlangung einer seligen Sterbestunde, ein drittes für die Abgestorbenen.

Zum Credo

Gesang

Glaube, Hoffnung, Liebe (Ablaßgebet)

V. „O mein Gott und Herr! ich glaube fest und bekenne, daß du ein einziger wahrer Gott bist in drei Personen: Gott Vater, Gott Sohn, Gott Heiliger Geist; daß du bist der Erschaffer Himmels und der Erde, ein Belohner des Guten und Bestrafer des Bösen; daß dein geliebter Sohn für uns Mensch geworden, und am Kreuze für uns gestorben; daß unsere Seelen unsterblich, und deine Gnade uns zur Seligkeit notwendig ist. Ich glaube, daß Jesus Christus im allerheiligsten Sakramente des Altars wahrhaft zugegen, und daß das hochheilige Meßopfer das immerwährende Opfer des Neuen Bundes ist. Auch glaube ich, daß die allerseligste Jungfrau Maria ohne Erbsünde empfangen, und daß der römische Papst in Ausübung seines höchsten apostolischen Lehramtes durch einen besonderen Beistand des Heiligen Geistes unfehlbar ist.

A. Dieses und alles, was die katholische Kirche uns zu glauben vorstellt, glaube ich fest, darum, weil du, o Gott, solches geoffenbart hast, der du die ewige und unfehlbare Wahrheit bist. In diesem Glauben will ich leben und sterben. O Herr, vermehre meinen Glauben!

V. O mein Gott und Herr! Ich hoffe durch die Verdienste Jesu Christi, vermittelst meiner eigenen Mitwirkung die Verzeihung meiner Sünden und die ewige Seligkeit zu erlangen.

A. Dieses und alles, was uns zum Heile notwendig ist, hoffe ich deshalb, weil du, o Gott, solches versprochen hast, der du unendlich mächtig, gütig und getreu bist. In dieser Hoffnung will ich leben und sterben. O Herr, stärke meine Hoffnung!

V. O mein Gott und Herr, ich liebe dich von ganzem Herzen und über alle Dinge. Ich liebe dich aus meinem ganzen Herzen, aus meiner ganzen Seele, aus meinem ganzen Gemüte und aus allen meinen Kräften.

A. Darum liebe ich dich, o Gott, weil du mein bester Vater und größter Wohltäter und in dir selbst das höchste, liebenswürdigste Gut bist. Deinetwegen liebe ich auch meinen Nächsten, Freund oder

Feind, wie mich selbst. In dieser Liebe will ich leben und sterben.
O Herr, entzünde meine Liebe!"

Ablaß von 7 Jahren und 7 Qudragenen

Zum Offertorium

(Die Meßdiener schellen)

Aufopferung aller heiligen Messen

(Ablaßgebet)

V. „Herr, allmächtiger Gott! siehe, ich werfe mich vor dir nieder, um
deine göttliche Majestät im Namen aller Geschöpfe anzubeten und
zu versöhnen. Wie aber sollte ich, selbst ein Armseliger, ein Sünder,
dieses vermögen? Und doch, ich kann es, ich will es, denn ich weiß,
daß es dein Wohlgefallen ist, der Vater der Barmherzigkeit genannt
zu werden, und daß du aus Liebe zu uns deinen eingeborenen Sohn
hingegeben hast, der sich am Kreuze für uns geopfert hat, und
unablässig auf unsern Altären das Opfer seiner Selbst für uns
erneuert. Und darum, wiewohl ein Sünder, aber ein reuiger Sünder,
wiewohl ein Armseliger, aber reich in Jesus Christus, stelle ich mich
dir vor, um dir in Vereinigung mit der Liebesglut der Engel und der
Heiligen und mit den Anmutungen des unbefleckten Herzens der
allerseligsten Jungfrau im Namen aller Geschöpfe alle heiligen
Messen aufzuopfern, die gegenwärtig gefeiert werden, zugleich mit
allen Messen, die bereits gefeiert worden sind und bis zum Ende der
Welt gefeiert werden sollen. Ich mache ferner die Meinung, diese
Aufopferung in jedem Augenblicke dieses Tages und meines ganzen
Lebens zu erneuern, um deiner unendlichen Majestät eine deiner
würdige Ehre und Verherrlichung zu erweisen, um deinen Unwillen
zu besänftigen und deiner Gerechtigkeit genugzutun für unsere

vielen und großen Sünden, um dir einen deinen Wohltaten entsprechenden Dank zu erstatten, und um deine Erbarmungen anzurufen über mich und alle Sünder, über alle lebenden und abgestorbenen Gläubigen, über die ganze Kirche und vorzüglich über ihr sichtbares Oberhaupt, den Heiligen Vater in Rom, und endlich auch über alle Unglücklichen, die in der Spaltung, in der Ketzerei und im Unglauben dahinleben, damit sie sich bekehren und damit auch sie gerettet werden. Amen."

Ablaß von 3 Jahren, wenn man zu Anfang des Tages vorstehende Aufopferung betet.

A. O Gott, wir empfehlen uns in alle hl. Messen auf der ganzen Erde. Mit dem Opfer Jesu vereinigt, opfern wir uns selbst dir auf.

Gesang zur Opferung

Zur Präfation

V. Erhebet eure Herzen!
A. Wir haben sie erhoben zu dem Herrn.
V. Lasset uns Dank sagen dem Herrn unserm Gott.
A. Es ist würdig und gerecht.

V. Ja, es ist wahrhaft würdig und gerecht, billig und heilsam, daß wir allzeit und überall dir Dank sagen, heiliger Herr, allmächtiger Vater, ewiger Gott, der du mit deinem eingebornen Sohne und dem Heiligen Geiste Ein Gott, Ein Herr bist, nicht in der Einzelheit Einer Person, sondern in der Dreifaltigkeit der Einen Wesenheit. Denn was wir durch deine Offenbarung von deiner Herrlichkeit glauben, dasselbe glauben wir ohne Unterscheidung von deinem Sohne, dasselbe vom Heiligen Geiste; so daß bei dem Bekenntnisse der wahren und ewigen Gottheit, in den Personen die Eigentümlichkeit, im Wesen die Einheit, und in der Majestät die Gleichheit angebetet wird, welche die Engel loben und die Erzengel, die Cherubim und Seraphim, welche nicht aufhören Tag für Tag zu rufen und einstimmig zu singen:

(Die Meßdiener schellen)

A. „Heilig, heilig, heilig bist du Herr, Gott der Heerscharen. Die Erde ist deiner Herrlichkeit voll. Ehre sei dem Vater, Ehre sei dem Sohne, Ehre sei dem Heiligen Geiste."
Ablaß von 100 Tagen

Gesang zum Sanctus

Vor der Wandlung

Seufzer nach der Ankunft des Heilandes

Nach dem Propheten Isaias. Wie die Gerechten des Alten Bundes nach der Ankunft des Erlösers, so verlangt die verwaiste Gemeinde nach seiner Rückkehr im hl. Opfer und Sakramente.

V. Tauet, Himmel, den Gerechten! [7]) Wolken, regnet ihn herab!
A. Tauet, Himmel, den Gerechten! Wolken, regnet ihn herab!

V. Zürne nicht, o Herr, und gedenke nicht fürder unserer Missetat! Siehe, die Stadt deines Heiligtumes ist verwüstet, Sion ist wüste geworden, Jerusalem ist verödet, das Haus deiner Heiligung und deiner Herrlichkeit, wo dich gepriesen unsere Väter!
A. Tauet, Himmel rc. (wie oben.)

---

[7] den Heiland.

V. Wir haben gesündigt und sind unrein geworden, und wir alle sind abgefallen wie ein Blatt, und unsere Übeltaten haben uns dahingerissen wie ein Wind; dein Angesicht hast du vor uns verborgen und ließest uns zermalmt werden durch unsere Missetaten.

A. Tauet, Himmel rc. (wie oben.)

V. Siehe an, o Herr, die Not deines Volkes, und sende, den du senden willst; sende uns das Lamm, den Beherrscher der Erde vom Felsen der Wüste zum Berge der Tochter Sion, daß er von uns hinwegnehme das Joch der Gefangenschaft.

A. Tauet, Himmel rc. (wie oben.)

V. O tröstet euch, tröstet euch, mein Volk! Bald wird kommen dein Heil. Warum verzehrst du dich in Trauer? Weil dich der Reueschmerz erneuet hat, will ich dich retten: fürchte dich nicht, denn ich bin ja der Herr, dein Gott, der Heilige Israels, dein Erlöser!

A. Tauet, Himmel rc. (wie oben.)

Zur Wandlung

V. Lasset uns jetzt im Geiste den Heiland anbeten auf allen Altären, auf welche er im gegenwärtigen Augenblicke durch die hl. Wandlung herabsteigt.

(Die Meßdiener schellen, wie sonst zur Wandlung; es wird das übliche Glockenzeichen gegeben)

Zur Erhebung der hl. Hostie

V. Hochheiliger Leib des Herrn, wir beten dich an auf allen Altären, wo jetzt der Priester die hl. Hostie erhebt.

A. Heiliger Leib, für uns ans Kreuz genagelt, wir beten dich an.

V. „Lob und Dank sei ohne End':

A. Dem allerheiligsten und göttlichen Sakrament!"

Ablaß von 100 Tagen für dieses Schlußgebet einmal täglich, donnerstags dreimal, † III. Ω.

Zur Erhebung des hl. Blutes

V. Hochheiliges Blut des Herrn, wir beten dich an auf allen Altären, wo jetzt der Priester den hl. Kelch erhebt.

A. Heiliges Blut, für uns am Kreuze vergossen, wir beten dich an.

V. „Ewiger Vater, ich opfere dir auf das kostbare Blut Jesu Christi zur Sühnung für meine Sünden und für die Anliegen der hl. Kirche."

Ablaß von 100 Tagen jedesmal. Ω.

Nach der Wandlung

V. Lasset uns beten, um den göttlichen Beistand an unserm Lebensende zu erhalten:

Ablaßgebet

V. „Herr Jesus Christus, Gott der Güte, Vater der Barmherzigkeit! Mit demütigem Herzen, zerknirscht und beschämt erscheine ich vor dir und empfehle dir meine letzte Stunde und alles, was nach derselben mich erwartet. Wenn meine erstarrten Füße mich mahnen werden, daß mein Lebenslauf in dieser Welt zu Ende gehe:

A. Dann, barmherziger Jesu, erbarme dich meiner!

V. Wenn meine zitternden und unruhigen Hände nicht mehr im Stande sind, das Kruzifix zu halten, sondern es unwillkürlich auf mein Schmerzensbett zurücksinken lassen:

A. Dann, barmherziger Jesu, erbarme dich meiner!

V. Wenn meine verdunkelten und krampfhaft sich wendenden Augen bei der Angst des nahen Todes nur noch matte und sterbende Blicke auf dich werfen:
A. Dann, barmherziger Jesu, erbarme dich meiner!

V. Wenn meine kalten und bebenden Lippen zum letzten Male deinen anbetungswürdigen Namen aussprechen:
A. Dann, barmherziger Jesu, erbarme dich meiner!

V. Wenn meine bleichen entstellten Wangen die Anwesenden mit Mitleid und Schrecken erfüllen, und die vom Todesschweiße befeuchteten Haare auf meinem Haupte sich sträuben und mein baldiges Ende verkünden:
A. Dann, barmherziger Jesu, erbarme dich meiner!

V. Wenn meine Ohren anfangen, auf immer sich der Ansprache der Menschen zu verschließen, und sich öffnen, deine Stimme zu vernehmen, die das unwiderrufliche Urteil sprechen wird, welches mein künftiges Schicksal für die ganze Ewigkeit bestimmt:
A. Dann, barmherziger Jesu, erbarme dich meiner!

V. Wenn meine Einbildungskraft, von schauerlichen und entsetzlichen Bildern geängstigt, in tödliche Betrübnis sich versenkt und mein Geist, durch die Vergegenwärtigung aller meiner Sünden und durch die Furcht vor deinem Gerichte verwirrt, ringt und kämpft mit dem Engel der Finsternis, der sich bemüht, mir den trostreichen Hinblick auf deine Erbarmungen zu rauben und mich in den Abgrund der Verzweiflung zu stürzen:
A. Dann, barmherziger Jesu, erbarme dich meiner!

V. Wenn mein schwaches Herz, erdrückt von den Schmerzen der Krankheit, überfallen wird von den Schauern des Todes und erschöpft ist von den Kämpfen, welche ich gegen die Feinde meines

Heiles zu bestehen haben werde:
A. Dann, barmherziger Jesu, erbarme dich meiner!

V. Wenn meine letzte Träne, das Zeichen meiner Auflösung, fließt, nimm sie als eine Sühnungsgabe, damit ich als ein Opfer der Buße entschlafe, und in diesem schrecklichen Augenblicke:
A. O barmherziger Jesu, erbarme dich meiner!

V. Wenn meine Verwandten und Freunde mich umringen und wehmutsvoll über meine mitleidswerte Lage dich um Hilfe und Gnade für mich anrufen:
A. Dann, barmherziger Jesu, erbarme dich meiner!

V. Wenn nach Verlust des Gebrauches aller meiner Sinne mir die ganze Welt entschwindet, und ich schwer aufatme in der Angst des letzten Kampfes und in den Schrecken des Todes:
A. Dann, barmherziger Jesu, erbarme dich meiner!

V. Wenn die Beklemmungen des Herzens meine Seele nötigen, vom Leibe zu scheiden, nimm sie auf als Seufzer heiliger Ungeduld nach baldiger Vereinigung mit dir:
A. Dann, barmherziger Jesu, erbarme dich meiner!

V. Wenn meine Seele schon auf den Lippen schwebend im Begriffe steht, für immer von dieser Welt zu scheiden, und meinen Leib bleich, kalt und ohne Leben zurückzulassen: nimm die Zerstörung meines Lebens als ein Opfer der Huldigung an, welche ich deiner göttlichen Majestät darzubringen komme:
A. Dann, barmherziger Jesu, erbarme dich meiner!

V. Wenn endlich meine Seele vor dir erscheinen und zum ersten Male den unsterblichen Glanz deiner Majestät erblicken wird, dann verwirf sie nicht von deinem Angesichte, sondern nimm mich gnädig in die liebevollen Arme deiner Barmherzigkeit auf, damit ich dein Lob ewig singen möge:

A. Dann also, barmherziger Jesu, erbarme dich meiner!

V. Lasset uns beten: O Gott, der du uns zum Sterben verurteilt, aber die Stunde und den Augenblick des Todes uns verborgen hast, verleihe, daß ich in Gerechtigkeit und heiligem Bestreben alle Tage meines Lebens zubringe, damit ich würdig werde, in deiner heiligen Liebe aus dieser Welt zu scheiden; durch die Verdienste unsers Herrn Jesu Christi, welcher mit dir lebt und regiert in Einigkeit des Heiligen Geistes, Gott von Ewigkeit zu Ewigkeit.

A. Amen."

100 Tage Ablaß, einmal täglich † IV. Ω.

Zur Kommunion

Gesang

**(Die Meßdiener schellen,
wie sonst zum Domine non sum dignus)**

V. O Herr, ich bin nicht würdig, daß du eingehest unter mein Dach: sondern sprich nur ein Wort, so wird meine Seele gesund! (Dreimal.)

V. O gütigster Jesu! Wir bitten dich durch deine wahre Gegenwart im Allerheiligsten Sakramente und durch die Liebe deines geöffneten Herzens, gestatte nicht, daß wir eines jähen und unversehenen Todes sterben. Jesus, du Brot des Lebens, sei unsere Speise im Tode! Du Brot der Starken, stärke uns im letzten Streite! Du Brot der Engel, sei unsere Wegzehrung auf der letzten Reise! Nun aber, o Jesu, kehre geistiger Weise bei uns ein!

A. O Jesu, kehre bei uns ein!

Abwechselnd

„Seele Christi, heilige mich!
Leib Christi, mache selig mich!
Blut Christi, tränke mich!
Wasser der Seite Christi, wasche mich!
O gütiger Jesu, erhöre mich!
In deine Wunden verberge mich!
Von dir laß nimmer scheiden mich!
Vor dem bösen Feind beschütze mich!
In meiner Todesstunde rufe mich,
Und laß zu dir dann kommen mich,
Damit ich könne loben dich
Mit deinen Heiligen ewiglich. Amen."
Ablaß von 300 Tagen.

Zu den letzten Gebeten

Ablaßgebet um die hl. Sterbesakramente

V. „O Maria, ohne Makel empfangen, bitte für uns, die wir uns zu dir flüchten. O Zuflucht der Sünder, o Mutter der Sterbenden, verlasse uns nicht in der Stunde unseres Todes, sondern erlange uns einen vollkommenen Reueschmerz und eine aufrichtige Zerknirschung, die Nachlassung unserer Sünden, den würdigen Empfang der heiligen Wegzehrung und die Stärkung durch das Sakrament der Letzten Ölung, damit wir in Sicherheit erscheinen mögen vor dem Throne des gerechten, aber auch barmherzigen Richters, unsers Gottes und Erlösers. Amen."
Ablaß von 100 Tagen einmal täglich

Zum Segen

V. Vater im Himmel! Wir haben keinen Priester, der uns den Segen spende. Darum segne du selbst uns von deinem Himmelsthrone herab!
A. Vater, segne deine Kinder!

Ablaßgebet

V. „Ewiger Vater, wir opfern dir auf das kostbare Blut Jesu, welches er mit so großer Liebe und so großen Schmerzen aus der Wunde seiner rechten Hand für uns vergossen hat, und bitten deine göttliche Majestät durch die Verdienste und die Kräfte desselben, uns deinen heiligen Segen zu erteilen, damit wir dadurch gegen unsere Feinde beschützt und gnädig von allen Übeln befreit werden mögen, indem wir sprechen:

A. Der Segen des allmächtigen Gottes, des Vaters und des Sohnes und des Heiligen Geistes komme über uns und bleibe bei uns allezeit. Amen.

V. Lasset uns der Allerheiligsten Dreifaltigkeit für alle empfangenen Wohltaten Dank sagen:
Vater unser ... Gegrüßet... Ehre sei ...“
Ablaß von 100 Tagen jedesmal für vorstehendes Gebet und das als Danksagung beigefügte Vater unser rc.; †III. Ω

Zum Abschluß

Alle stehen auf und bezeichnen Stirn, Mund und Brust mit dem Kreuzeichen, während der Vorbeter spricht:

V. Anfang des heiligen Evangeliums nach Johannes. Im Anfang war das Wort und das Wort war bei Gott und Gott war das Wort. Dieses war im Anfang bei Gott. Alles ist durch dasselbe gemacht, und ohne dasselbe ist nichts gemacht, was da gemacht ist. In ihm war das Leben, und das Leben war das Licht der Menschen. Und das Licht leuchtete in der Finsternis, aber die Finsternis hat es nicht begriffen. Es war ein Mensch von Gott gesandt, der hieß Johannes. Dieser kam zum Zeugnisse, damit er Zeugnis von dem Lichte gäbe, auf daß alle durch ihn glauben möchten. Er war nicht das Licht, sondern, damit er Zeugnis gäbe von dem Lichte. Dieses war das wahrhaftige Licht, welches erleuchtet jeden Menschen, der in diese Welt kommt. Es war in der Welt und die Welt ist durch dasselbe gemacht worden; und die Welt hat ihn nicht erkannt. Er kam in sein Eigentum und die Seinigen nahmen ihn nicht auf. Wie viele ihn aber aufnahmen, denen gab er Macht, Kinder Gottes zu werden, denen, die an seinen Namen glauben; welche nicht aus dem Geblüte, noch aus dem Willen des Fleisches, noch aus dem Willen des Mannes, sondern aus Gott geboren sind. Und das Wort ist Fleisch geworden (hier knien alle, und stehen dann gleich wieder auf), und hat unter uns gewohnt; und wir haben gesehen seine Herrlichkeit, eine Herrlichkeit als des Eingebornen vom Vater, voll der Gnade und Wahrheit.

Die Erklärung dieses erhabenen Evangeliums, welches der Priester zum Schluss der heiligen Messe betet, findet man in der Handpostille bei der dritten Messe an Weihnachten. Hierauf wird der „Engel des Herrn" gebetet, und zwar sonntags **und während der ganzen** österlichen **Zeit stehend, an den** andern Tagen kniend, **auch wenn ein gebotener Feiertag in die Woche fällt (Seite 33).**

Gesang

VIERTE MESSANDACHT

FÜR DIE ABGESTORBENEN

Bei Beerdigungen zu gebrauchen. Wenn es irgend möglich ist, dann sollen die Angehörigen in einer benachbarten Kirche ein Seelenamt halten lassen und demselben beiwohnen; denn nichts trägt wirksamer zur Erlösung der Armen Seelen bei, als das für sie dargebrachte heilige Meßopfer.

Gloria, Credo und der Segen am Schluß fallen in den Seelenmessen aus.

Zum Eingang

Gesang

Es werden die Meßgesänge genommen; doch können auch andere passende Lieder gesungen werden.

V. Wir machen die Meinung, alle heiligen Ablässe zu gewinnen, welche mit den Gebeten verbunden sind, die wir in gegenwärtiger Andachtsstunde und am heutigen Tage verrichten werden.

V. „Im Namen des + Vaters rc." (50 Tage Ablaß)
Ich will hintreten zum Altare Gottes.
A. Zu Gott, der meine Jugend erfreut.
V. Unsere Hilfe + ist im Namen des Herrn,
A. Der Himmel und Erde gemacht hat.

V. Ich bekenne Gott dem Allmächtigen, der seligen allezeit jungfräulichen Maria, dem seligen Erzengel Michael, dem seligen Johannes dem Täufer, den heiligen Aposteln Petrus und Paulus und allen Heiligen, daß ich gar sehr gesündigt habe in Gedanken, Worten und Werken, durch meine Schuld, durch meine Schuld, durch meine größte Schuld: darum bitte ich die selige allezeit jungfräuliche Maria, den seligen Erzengel Michael, den seligen Johannes den Täufer, die heiligen Apostel Petrus und Paulus und alle Heiligen, für mich zu beten bei dem Herrn, unserm Gott.

Hier folgt: **Litanei von der Liebesreue (Seite 28).**

Zum Kyrie

V. Herr, erbarme dich unser.
A. Herr, erbarme dich unser.
V. Herr, erbarme dich unser.
A. Christe, erbarme dich unser.
V. Christe, erbarme dich unser.
A. Christe, erbarme dich unser.
V. Herr, erbarmedich unser.
A. Herr, erbarme dich, unser.
V. Herr, erbarme dich unser.

Zu den Kollekten

Aufopferungsgebet für die Verstorbenen

V. Wir opfern Gott diese Andacht auf für die Seele unsers verstorbenen Mitbruders (Mitschwester) N. [8] und machen die Meinung, ihr alle Ablässe zuzuwenden, welche wir heute für sie gewinnen können.

---

[8] Hier wird der Taufname des Verstorbenen genannt.

V. Lasset uns beten: O Gott, dem es eigen ist, sich allzeit zu erbarmen und zu verschonen, wir bitten dich demütig für die Seele deines Dieners (deiner Dienerin) N., welche du aus dieser Welt hast scheiden lassen: laß sie von den heiligen Engeln aufgenommen und zum Vaterlande des Paradieses geführt werden, damit sie, die auf dich gehofft und an dich geglaubt hat, nicht die Strafen des Fegfeuers ausstehe, sondern die ewigen Freuden genießen möge.
A. Amen.
V. Herr, gib ihm (ihr) die ewige Ruhe!
A. Und das ewige Licht leuchte ihm (ihr)!

V. O Gott, du Ausspender der Gnade und Liebhaber des menschlichen Heiles, wir flehen zu deiner Güte, daß du die Brüder, Verwandten und Wohltäter unserer Versammlung, welche aus dieser Welt hinübergeschieden sind, durch die Fürsprache der seligen allzeit jungfräulichen Gottesmutter Maria und aller deiner Heiligen, zur Gemeinschaft der ewigen Seligkeit gelangen lassest.
A. Amen.
V. Herr, gib ihnen die ewige Ruhe!
A. Und das ewige Licht leuchte ihnen!

V. O Gott, du Schöpfer und Erlöser aller Gläubigen, verleihe den Seelen deiner Diener und Dienerinnen Verleihung aller Sünden, auf daß sie die gnädige Nachlassung, welche sie allzeit gewünscht haben, durch gottselige Fürbitte erlangen. Der du lebst und regierst mit Gott dem Vater in Einigkeit des Heiligen Geistes, Gott von Ewigkeit zu Ewigkeit.
A. Amen.
V. Herr, gib ihnen die ewige Ruhe!
A. Und das ewige Licht leuchte ihnen!
V. Herr, laß sie ruhen im Frieden.
A. Amen.

Gesang

Zur Epistel und zum Evangelium
Dieselben stehen in der Handpostille auf Allerseelentag

Zum Offertorium

(Die Meßdiener schellen)

Aufopferung aller heiligen Messen

(Ablaßgebet)

V. „Herr, allmächtiger Gott! Siehe, ich werfe mich vor dir nieder, um deine göttliche Majestät im Namen aller Geschöpfe anzubeten und zu versöhnen. Wie aber sollte ich, selbst ein Armseliger, ein Sünder, dieses vermögen? Und doch, ich kann es, ich will es, denn ich weiß, daß es dein Wohlgefallen ist, der Vater der Barmherzigkeit genannt zu werden, und daß du aus Liebe zu uns deinen eingeborenen Sohn hingegeben hast, der sich am Kreuze für uns geopfert hat, und unablässig auf unsern Altären das Opfer seiner Selbst für uns erneuert. Und darum, wiewohl ein Sünder, aber ein reuiger Sünder, wiewohl ein Armseliger, aber reich in Jesus Christus, stelle ich mich dir vor, um dir in Vereinigung mit der Liebesglut der Engel und der Heiligen und mit den Anmutungen des unbefleckten Herzens der allerseligsten Jungfrau im Namen aller Geschöpfe alle heiligen Messen aufzuopfern, die gegenwärtig gefeiert werden, zugleich mit allen Messen, die bereits gefeiert worden sind und bis zum Ende der Welt gefeiert werden sollen. Ich mache ferner die Meinung, diese Aufopferung in jedem Augenblicke dieses Tages und meines ganzen Lebens zu erneuern, um deiner unendlichen Majestät eine deiner würdige Ehre und Verherrlichung zu erweisen, um deinen Unwillen zu besänftigen und deiner Gerechtigkeit genugzutun für unsere vielen und großen Sünden, um dir einen deinen Wohltaten entsprechenden Dank zu erstatten, und um deine Erbarmungen anzurufen über mich und alle Sünder, über alle lebenden und abgestorbenen Gläubigen, über die ganze Kirche und vorzüglich über ihr sichtbares Oberhaupt, den Heiligen Vater in Rom, und endlich auch über alle Unglücklichen, die in der Spaltung, in der Ketzerei und im Unglauben dahinleben, damit sie sich bekehren und damit auch sie gerettet werden. Amen."

Ablaß von 3 Jahren, wenn man zu Anfang des Tages vorstehende Aufopferung betet.

A. O Gott, wir empfehlen uns und die Armen Seelen, besonders die Seele deines Dieners (deiner Dienerin) N. in alle heilige Messen. Mit dem Opfer Jesu vereinigt, opfern wir uns selbst dir auf.

Gesang

Zur Präfation

V. Erhebet eure Herzen!
A. Wir haben sie erhoben zu dem Herrn.
V. Lasset uns Dank sagen dem Herrn, unserm Gott.
A. Es ist würdig und gerecht.

V. Ja, es ist wahrhaft würdig und gerecht, billig und heilsam, daß wir allzeit und überall preisen dich, den Herrn der Heiligen, den allmächtigen Vater, den ewigen Gott, durch Jesum Christum, unsern Herrn! Durch ihn erscheint ja das Heil der Welt, durch ihn das wahre Leben der Menschen, durch ihn die Auferstehung der Toten! Durch ihn flehe auch ich mit aller Sehnsucht der Erhörung zu dir, du wollest den Armen Seelen, deren ich jetzt gedenke, Vergebung ihrer Sünden verleihen, von allen Makeln der Sterblichkeit sie reinigen und in dein seliges Himmelreich aufnehmen. Durch ihn, deinen eingebornen Sohn, preisen deine Majestät die Engel, beten dich an die Herrschaften, zittern die Mächte, die Himmel und alle Kräfte der Himmel und die seligen Seraphim vereinigen ihren Jubel. Auch ich bete mit und flehe, daß du mein demütiges Bekenntnis mit dem Chore der Engel ertönen lassest:

(Die Meßdiener schellen)

A. Heilig, heilig, heilig bist du Herr, Gott der Heerscharen! Die Erde ist deiner Herrlichkeit voll. Ehre sei dem Vater, Ehre sei dem Sohne, Ehre sei dem Heiligen Geiste!"
100 Tage Ablaß.

Gesang

Vor der Wandlung

V. O Gott, unser Herr, der du um unsers Geschlechtes willen, damit es nicht verloren gehe, deine Majestät erniedrigt und uns durch dein Sterben von der Knechtschaft der Sünde erlöset hast, erbarme dich auch der Lebenden, deiner gläubigen Herde, welche noch in der Pilgerschaft des Staubes sich befindet und gleichfalls um deine Gnade und um deinen Frieden zu dir emporfleht. Du weißt ja, o Gott, wie groß unsere Sündhaftigkeit ist; biete uns deshalb deine hilfreiche Hand und verwirf nicht das Gebet deiner Diener, welche durch dein kostbares Blut so teuer erkauft sind. Wir haben gesündigt und dich vielfach beleidigt; schone unser und erweise uns deine Barmherzigkeit! Es rühre dich der Anblick unserer Schuld zum Mitleid; sei uns gnädig, der du mit Wohlgefallen herabsiehst auf das Gebet der Bußfertigen. Sühne unsere Missetaten, erlasse uns unsere Vergehen und gib, daß wir uns täglich im frommen Wandel zu dir erheben; dein heiliges Kreuz entferne von uns alle Macht des bösen Versuchers und erhalte uns in der steten Übung deines Dienstes. Der du lebst und regierst mit Gott dem Vater in Einigkeit des Heiligen Geistes, Gott von Ewigkeit zu Ewigkeit. **A.** Amen.

Zur Wandlung

V. Lasset uns jetzt im Geiste den Heiland anbeten auf allen Altären, auf welche er im gegenwärtigen Augenblicke durch die hl. Wandlung herabsteigt.

(Die Meßdiener schellen wie sonst zur Wandlung, es wird das übliche Glockenzeichen gegeben)

Zur Erhebung der hl. Hostie

V. Hochheiliger Leib des Herrn, wir beten dich an auf allen Altären, wo jetzt der Priester die hl. Hostie erhebt.
A. Heiliger Leib, für uns ans Kreuz genagelt, wir beten dich an.
V. „Lob und Dank sei ohne End':
A. Dem allerheiligsten und göttlichen Sakrament!"
Ablaß von 100 Tagen für dieses Schlußgebet einmal täglich, donnerstags dreimal, † III. Ω.

Zur Erhebung des hl. Blutes

V. Hochheiliges Blut des Herrn, wir beten dich an auf allen Altären, wo jetzt der Priester den hl. Kelch erhebt.
A. Heiliges Blut, für uns am Kreuze vergossen, wir beten dich an.
V. „Ewiger Vater, ich opfere dir auf das kostbare Blut Jesu Christi zur Sühnung für meine Sünden und für die Anliegen der heiligen Kirche."
Ablaß von 100 Tagen jedesmal. Ω.

Zum Memento für die Verstorbenen

V. Lasset uns beten zu Ehren der hl. fünf Wunden unseres Herrn, für die Erlösung der Armen Seelen:
A. „Vater unser... Gegrüßt seist du Maria...

V. Dich also bitten wir, komme deinen Dienern zu Hilfe, die du durch dein kostbares Blut erlöset hast.

V. Herr, gib ihnen die ewige Ruhe,
A. Und das ewige Licht leuchte ihnen.
V. Laß sie ruhen im Frieden.
A. Amen."

Man betet, indem man an das Leiden Jesu denkt, fünfmal **das** „Vater unser" mit jedesmaliger Beifügung **der Vesikeln:** „Dich also rc." **wie oben. Ablaß von 300 Tagen jedesmal.**

Zum Agnus Dei

V. O du Lamm Gottes, welches du hinwegnimmst die Sünden der Welt:
A. Schenke ihnen die Ruhe.

V. O du Lamm Gottes ...
A. Schenke ihnen die Ruhe.

V. O du Lamm Gottes ...
A. Schenke ihnen die ewige Ruhe.

V. O süßester Jesu! Um des blutigen Schweißes willen, den du im Garten Gethsemane vergossen hast, erbarme dich der Armen Seelen im Fegfeuer, besonders der Seele unseres verstorbenen Mitbruders (Mitschwester) N.

A. „Mein Jesus, Barmherzigkeit!"

(Ablaß von 100 Tagen jedesmal. Ω).

V. O süßester Jesu! Um der Schmerzen willen, die du bei der grausamen Geißelung ausgestanden hast, erbarme dich ihrer.

A. „Mein Jesus, Barmherzigkeit!"

V. O süßester Jesu! Um der Peinen willen, die du bei der schmerzlichen Dornenkrönung ausgestanden hast, erbarme dich ihrer.

A. „Mein Jesus, Barmherzigkeit!"

V. O süßester Jesu! Um der Schmerzen willen, die du ausgestanden, als du das Kreuz auf den Kalvarienberg getragen hast, erbarme dich ihrer.

A. „Mein Jesus, Barmherzigkeit!"

V. O süßester Jesu! Umder Schmerzen willen, die du bei deiner grausamen Kreuzigung ausgestanden hast, erbarme dich ihrer.

A. „Mein Jesus, Barmherzigkeit!"

V. O süßester Jesu! Um der Peinen willen, die du in deinem schmerzlichen Todeskampfe ausgestanden hast, erbarme dich ihrer.

A. „Mein Jesus, Barmherzigkeit!"

V. O süßester Jesu! Um des unendlichen Schmerzes willen, den du ausgestanden, als du deinen Geist aufgabst, erbarme dich ihrer.

A. „Mein Jesus, Barmherzigkeit!"

Zur Kommunion

Gesang

**(Die Meßdiener schellen,
wie sonst zum Domine non sum dignus)**

V. O Herr, ich bin nicht würdig, daß du eingehest unter mein Dach: sondern sprich nur ein Wort, so wird meine Seele gesund! **(Dreimal.)**

V. Anbetungswürdigster Jesu! Ich glaube fest, daß du in dem Allerheiligsten Sakramente des Altars wahrhaftig, wirklich und wesentlich zugegen bist. Ich liebe dich über alles. Aus Liebe zu dir bereue ich alle meine Sünden. In Ewigkeit will ich nicht mehr sündigen. Meine Seele verlangt, dich zu empfangen. Weil ich dich aber jetzt wesentlich nicht empfangen kann, so komme geistlicher Weise und kehre mit deiner Gnade in mein Herz ein!
A. O Jesu, komm in meine Seele!
V. Ich umarme dich, o Jesu, als schon wirklich gegenwärtig. Ich vereinige mich ganz mit dir. Lasse nicht zu, daß ich mich jemals von dir trenne!
A. O Jesu, laß mich nie mehr von dir getrennt werden!

Das folgende Gebet des hl. Ignatius wird abwechselnd (Zeile um Zeile) gesprochen:

Ablaßgebet

„Seele Christi, heilige mich!
Leib Christi, mache selig mich!
Blut Christi, tränke mich!
Wasser der Seite Christi, wasche mich!
O gütiger Jesu, erhöre mich!

In deine Wunden verberge mich!
Von dir laß nimmer scheiden mich!
Vor dem bösen Feind beschütze mich!
In meiner Todesstunde rufe mich,
Und laß zu dir dann kommen mich,
Damit ich könne loben dich
Mit deinen Heiligen ewiglich. Amen."
**Ablaß von 300 Tagen jedesmal; nach Empfang der hl. Kommunion 7 Jahre
einmal; † IV. Ω.**

Zu den letzten Gebeten

Das Libera me Domine

V. O Herr! Errette mich von dem ewigen Tode an jenem
schauervollen Tage, an welchem Himmel und Erde werden
erschüttert werden, wenn du kommen wirst, die Welt durch das
Feuer zu richten.
A. „Süßester Jesus, sei mir nicht Richter, sondern Erlöser!"
50 Tage Ablaß. Ω.

V. Ich zittere und bin voll Furcht wegen der Untersuchung, die du
anstellen wirst, und wegen des Zorngerichtes, das bevorsteht, wenn
Himmel und Erde werden erschüttert werden.
A. „Süßester Jesus, sei mir nicht Richter, sondern Erlöser!"

V. O! Wie wird jener Tag ein Tag des Zorns, der Drangsal und des
Jammers, ein großer und sehr trauriger Tag sein, wenn du kommen
wirst, die Welt durch das Feuer zu richten.
A. „Süßester Jesus, sei mir nicht Richter, sondern Erlöser!"

V. Herr, gib ihm (ihr) die ewige Ruhe,
A. Und das ewige Licht leuchte ihm (ihr)!

V. Von den Pforten der Hölle
A. Errette, o Herr, seine (ihre) Seele.

V. Und aller abgestorbenen Christgläubigen Seelen mögen ruhen durch die Barmherzigkeit Gottes im Frieden.
A. Amen.

Segen fällt aus

Zum Abschluß

Alle stehen auf und bezeichnen Stirn, Mund und Brust mit dem Kreuzzeichen, während der Vorbeter spricht:

V. Anfang des heiligen Evangeliums nach Johannes. Im Anfang war das Wort und das Wort war bei Gott und Gott war das Wort. Dieses war im Anfang bei Gott. Alles ist durch dasselbe gemacht, und ohne dasselbe ist nichts gemacht, was da gemacht ist. In ihm war das Leben, und das Leben war das Licht der Menschen. Und das Licht leuchtete in der Finsternis, aber die Finsternis hat es nicht begriffen. Es war ein Mensch von Gott gesandt, der hieß Johannes. Dieser kam zum Zeugnisse, damit er Zeugnis von dem Lichte gäbe, auf daß alle durch ihn glauben möchten. Er war nicht das Licht, sondern, damit er Zeugnis gäbe von dem Lichte. Dieses war das wahrhaftige Licht, welches erleuchtet jeden Menschen, der in diese Welt kommt. Es war in der Welt und die Welt ist durch dasselbe gemacht worden; und die Welt hat ihn nicht erkannt. Er kam in sein Eigentum und die Seinigen nahmen ihn nicht auf. Wie viele ihn aber aufnahmen, denen gab er Macht, Kinder Gottes zu werden, denen, die an seinen Namen glauben; welche nicht aus dem Geblüte, noch aus dem

Willen des Fleisches, noch aus dem Willen des Mannes, sondern aus Gott geboren sind. Und das Wort ist Fleisch geworden (hier knien alle, und stehen dann gleich wieder auf), und hat unter uns gewohnt; und wir haben gesehen seine Herrlichkeit, eine Herrlichkeit als des Eingebornen vom Vater, voll der Gnade und Wahrheit.

Die Erklärung dieses erhabenen Evangeliums, welches der Priester zum Schluss der heiligen Messe betet, findet man in der Handpostille bei der dritten Messe an Weihnachten.

Hierauf wird der „Engel des Herrn" gebetet, und zwar sonntags und während der ganzen österlichen Zeit stehend, an den andern Tagen kniend, auch wenn ein gebotener Feiertag in die Woche fällt (Seite 33).

Gesang

ERSTE NACHMITTAGSANDACHT

ZUM GÖTTLICHEN HERZEN JESU

Man sorge, daß auf dem Altare ein Herz-Jesu-Bild aufgestellt sei

Zum Segen

Gesang

V. Himmlischer Vater, blicke gnädig herab auf deine arme hier versammelte Gemeinde. In gegenwärtiger Stunde wird in vielen tausend katholischen Kirchen, wo unsere Brüder zum Gebete vereinigt sind, der Segen mit dem hochwürdigsten Gute gegeben. Ach! Wir haben das hochheilige Sakrament nicht mehr; wir haben keinen Priester mehr, der uns den Segen erteile! Darum bitten wir dich, o Vater, durch die Verdienste und das kostbare Blut Jesu Christi, du selbst wollest uns jetzt segnen von deinem hohen Himmelsthrone herab.

A. Vater, segne deine Kinder!

Ablaßgebet

V. „Ewiger Vater, wir opfern dir auf das kostbare Blut Jesu, welches er mit so großer Liebe und so großen Schmerzen aus der Wunde seiner rechten Hand für uns vergossen hat, und bitten deine göttliche Majestät durch die Verdienste und die Kraft desselben, uns deinen heiligen Segen zu erteilen, damit wir dadurch gegen unsere Feinde beschützt und gnädig von allen Übeln befreit werden mögen, indem wir sprechen:

(Die Meßdiener schellen)

A. Der Segen des allmächtigen Gottes, des + Vaters und des + Sohnes und des Heiligen + Geistes komme über uns und bleibe bei uns allezeit. Amen.

V. Lasset uns der allerheiligsten Dreifaltigkeit für alle empfangenen Wohltaten Dank sagen:
„Vater unser. Gegrüßet. Ehre sei."
Ablaß von 100 Tagen. Ω.

GEBETSKRÄNZLEIN ZUM HERZEN JESU

Ablaßgebet

Nach jedem Absatz kann ein Vers von einem Lied zum Herzen Jesu oder zum hl. Sakramente gesungen werden.

V. O Gott, merke auf meine Hilfe.
A. Herr, eile mir zu helfen.

V. 1.) O mein liebreichster Jesus, wenn ich dein heiligstes Herz betrachte und sehe, wie es voll Liebe und Erbarmen gegen die Sünder ist, so wird mein Herz mit Freude und mit dem zuversichtlichen Vertrauen erfüllt, daß du mich gnädig aufnehmen werdest. Ach, wie viele Sünden habe ich begangen! Aber jetzt beweine und verabscheue ich sie, wie Petrus und die reumütige Magdalena, weil ich dadurch dich, das höchste Gut, beleidigt habe. O gewähre auch mir den Nachlass aller Sünden! Möchte ich, ich bitte dich darum durch dein heiligstes Herz, möchte ich eher sterben, als dich wieder beleidigen; und wenn ich noch länger leben soll, so will ich nur leben, um durch meine Liebe die deinige zu erwidern.

1 Vater unser... und 5 Ehre sei dem Vater ... zu Ehren des göttlichen Herzens und der hl. fünf Wunden.

V. Süßes Herz meines Jesu!
A. Gib daß ich immer mehr und mehr dich liebe.

V. 2.) Ich benedeie, o mein Jesus, dein demütiges Herz und danke dir, daß du es mir zum Vorbilde gegeben hast und nicht allein mit stärksten Antrieben mich aufmunterst, es nachzuahmen, sondern auch um den Preis so großer Verdemütigungen, die du erduldet hast, mir den Weg hierzu zeigen und ebnen wolltest. O wie töricht und undankbar bin ich gewesen! O wie weit bin ich von diesem Wege abgeirrt! Ach, verzeihe mir! Kein Stolz, keine Ehrsucht mehr! Ich will dir von nun an mit demütigem Herzen unter Verdemütigungen nachfolgen, um Frieden und Heil zu erlangen. Gib mir dazu Kraft und Stärke, und ich werde dein heiligstes Herz ewig loben und preisen.
1 Vater unser ... und 5 Ehre sei dem Vater..., (wie oben)

V. Süßes Herz meines Jesu!
A. Gib, daß ich immer mehr und mehr dich liebe.

V. 3.) Ich bewundere, o mein Jesus, dein geduldigstes Herz und danke dir für so viele erstaunliche Beispiele unüberwindlicher Geduld, die du uns hinterlassen hast. Es schmerzt mich, daß diese Beispiele mir bis jetzt meine Weichlichkeit, die das geringste Ungemach nicht ertragen kann, vergeblich vorgeworfen haben. Ach, mein geliebter Jesus, gieße meinem Herzen eine eifrige und standhafte Liebe zu dem Kreuze und den Leiden, zu der Buße und Abtötung ein, damit ich dir nachfolge auf den Kalvarienberg, um auch mit dir vereinigt zu werden in der Freude und Herrlichkeit des Himmels.

1 Vater unser... und 5 Ehre sei dem Vater... (wie oben)

V. Süßes Herz meines Jesu!
A. Gib, daß ich immer mehr und mehr dich liebe.

V. 4.) Bei dem Anblick deines sanftmütigen Herzens, mein geliebter Jesus, muß ich mich entsetzen, daß mein Herz dem deinigen so unähnlich ist. Es braucht nur ein Wort, eine Miene, den Schatten eines Widerspruches, und ich bin aufgeregt und breche in Klagen aus. Verzeihe mir diese Ausbrüche der Leidenschaft und verleihe mir die Gnade, in Zukunft bei jeder Widerwärtigkeit deine unwandelbare Sanftmut nachzuahmen, und so einen beständigen heiligen Frieden zu genießen.
1 Vater unser... und 5 Ehre sei dem Vater... (wie oben)

V. Süßes Herz meines Jesu!
A. Gib, daß ich immer mehr und mehr dich liebe.

V. 5.) Lob und Preis sei, o Jesus, deinem starkmütigen Herzen, welches den Tod und die Hölle überwunden hat und fürwahr alles Lobes würdig ist. Ich aber bin mehr als je beschämt, wenn ich sehe, wie dagegen mein Herz so kleinmütig ist, vor jeder Unbilde sich fürchtet und schon von einem müßigen Gerede in Schrecken gesetzt wird. Es soll aber nicht länger so sein. Ich bitte dich inständigst, gib mir Mut und Kraft, auf daß ich mit dir kämpfe und siege auf Erden, um auch mit dir fröhlich zu triumphieren im Himmel.

1 Vater unser... und 5 Ehre sei dem Vater... (wie oben)

V. Süßes Herz meines Jesu!
A. Gib, daß ich immer mehr und mehr dich liebe.

V. Wenden wir uns nun an Maria und indem wir uns von neuem ihrem Dienste weihen, sprechen wir im Vertrauen auf ihr mütterliches Herz: O große Mutter des Herrn und auch meine Mutter Maria! Ich bitte dich durch die erhabenen Vorzüge deines süßesten Herzens, erwirke mir eine wahre und standhafte Andacht zu dem heiligsten Herzen Jesu, deines Sohnes, damit ich mit allen meinen Gedanken und Willensregungen in dieses Herz versenkt, alle meine Pflichten erfüllen und jederzeit, vorzüglich aber an diesem Tage, Jesu willig und eifrig dienen möge.

V. O Herz Jesu, brennend vor Liebe zu uns!
A. Entflamme unsere Herzen mit Liebe zu dir.

V. Lasset uns beten. Wir bitten dich, o Herr, der Heilige Geist möge uns mit jenem Feuer entflammen, welches unser Herr Jesus Christus aus dem Innersten seines Herzens auf die Erde gesendet und gewollt hat, daß es mit Macht entbrenne. Der mit dir lebt und regiert in Einigkeit desselben Heiligen Geistes, Gott von Ewigkeit zu Ewigkeit. **A.** Amen.
Ablaß von 300 Tagen jedesmal; †III. Ω.

EHRENERSATZLEISTUNG
ZUM HEILIGSTEN HERZEN JESU

V. Heiligstes Herz Jesu! In Demut vor dir niedergeworfen, erneuern wir unsere Aufopferung und den festen Vorsatz, daß wir durch die Vermehrung unserer Liebe und Treue die Beleidigungen wieder gut machen wollen, die dir von den Menschen zugefügt werden. Ja wir geloben dir:

Je mehr man die Wahrheiten unserer heiligen Religion lästert, desto mehr wollen wir daran glauben, o Herz Jesu, du Sitz der ewigen Weisheit.
A. Wir geloben es.

V. Je mehr der Unglaube sich bemüht, unsere Hoffnungen uns zu rauben, desto mehr wollen wir auf dich hoffen, o Herz Jesu, einzige Hoffnung der Sterblichen.
A. Wir geloben es.

V. Je mehr die Herzen den Beweisen deiner göttlichen Liebe widerstehen, desto mehr wollen wir dich lieben, o unendlich liebenswürdiges Herz Jesu.
A. Wir geloben es.

V. Je mehr man deine Gottheit angreift, desto mehr wollen wir sie anbeten, o göttliches Herz Jesu.
A. Wir geloben es.

V. Je mehr man deine heiligen Gebote übertritt, desto mehr wollen wir sie beobachten, o heiligstes Herz Jesu.
A. Wir geloben es.

V. Je mehr deine heiligen Sakramente verachtet werden, desto mehr wollen wir sie mit Liebe und Ehrfurcht empfangen, o freigebigstes Herz Jesu.
A. Wir geloben es.

V. Je mehr man deine anbetungswürdigen Tugenden aus dem Herzen verbannt, desto mehr wollen wir uns bemühen, sie auszuüben, o Herz Jesu, du Muster aller Tugenden.
A. Wir geloben es.

V. Je mehr die Hölle am Verderben der Seelen arbeitet, desto mehr wollen wir zu ihrem Heile beitragen, o Herz Jesu, du Eiferer der Seelen.
A. Wir geloben es.

V. Je mehr die Sinnlichkeit und der Stolz sich bemühen, die Selbstverleugnung und Berufstreue zu zerstören, desto mehr wollen wir uns selbst überwinden und unsere Pflichten treu erfüllen, o mit Schmach gesättigtes Herz Jesu.
A. Wir geloben es.

V. Je mehr man deine heilige Kirche verachtet, desto mehr wollen wir uns bestreben, ihre getreuen Kinder zu sein, o mit Dornen gekröntes Herz Jesu.
A. Wir geloben es.

V. Jemehr man den Heiligen Vater, deinen Stellvertreter auf Erden betrübt und bedrängt, desto mehr wollen wir ihm anhangen und für ihn beten, o verwundetes Herz Jesu.
A. Wir geloben es.

V. Lasset uns die Hilfe des göttlichen Herzens anrufen für unseren Heiligen Vater und die Anliegen der Kirche:

Litanei zum Göttlichen Herzen Jesu

Herr, erbarme dich unser!
Christe, erbarme dich unser!
Herr, erbarme dich unser!
Christe, höre uns! — **A. Christe, erhöre uns!**
Gott Vater vom Himmel,   **A. Erbarme dich unser!**
Gott Sohn, Erlöser der Welt, —

Gott Heiliger Geist, —
Heilige Dreifaltigkeit, ein einiger Gott, —
Herz Jesu, des Sohnes des ewigen Vaters, —
Herz Jesu, des Sohnes der unbefleckten Jungfrau, —
Herz Jesu, du Tempel der Gottheit, —
Herz Jesu, in welchem sich alle Reichtümer der Weisheit und
Wissenschaft Gottes befinden, —
Herz Jesu, an welchem der himmlische Vater ein ewiges
Wohlgefallen hat, —
Herz Jesu, du Schatz der göttlichen Gnaden, —
Herz Jesu, du unerschöpfliche Quelle der himmlischen Güter, —
Herz Jesu, du Flammenmeer der göttlichen Liebe, —
Herz Jesu, welches unsere Versöhnung mit Gott bewirket hat, —
Du liebebrennendes Herz Jesu, —
Du standhaft und ewig liebendes Herz Jesu, —
Du guttätiges Herz Jesu, —
Du erbarmungsvolles Herz Jesu, —
Du sanftmütiges Herz Jesu, —
Du demütiges Herz Jesu, —
Du geduldiges Herz Jesu, —
Du verwundetes Herz Jesu, —
Du betrübtes und geängstigtes Herz Jesu, —
Du mit unseren Sünden beladenes Herz Jesu, —
Herz Jesu, unsere Speise und unser tägliches Opfer, —
Herz Jesu, du Freude der Engel, —
Herz Jesu, du Ruhestätte der Frommen, —
Herz Jesu, du Süßigkeit der reinen Seelen, —
Herz Jesu, du Zuflucht der Sünder, —
Herz Jesu, du Hoffnung der Menschen, —
Herz Jesu, du Erquickung der Kranken, —
Herz Jesu, du Trost der Sterbenden, —
Herz Jesu, du Seligkeit der Auserwählten, —

O du Lamm Gottes, welches hinwegnimmt die Sünden der Welt;
A. Verschone uns, o Jesu!
O du Lamm Gottes, … **A. Erhöre uns, o Jesu!**
O du Lamm Gottes, … **A. Erbarme dich unser, o Jesu!**
Christe, höre uns! **A. Christe, erhöre uns!**
Herr, erbarme dich unser!
Christe, erbarme dich unser!
Herr, erbarme dich unser! Vater unser … Gegrüßet seist du …

V. „Jesus, sanftmütig und demütig von Herzen:
A. Mache mein Herz dem deinigen ähnlich!"
300 Tage Ablaß für dieses Schußgebet jedesmal. Ω.

V. Lasset uns beten. Verleihe uns, wir bitten dich, allmächtiger Gott, daß wir, die wir in dem heiligsten Herzen deines Sohnes uns rühmen und der vorzüglichsten Wohltaten seiner Liebe zu uns gedenken, ebensowohl durch die Erweisung dieser Wohltaten, als durch die Früchte derselben erfreut werden mögen; durch denselben Jesum Christum unsern Herrn.
A. Amen.

V. Laß uns, Herr Jesus Christus, mit den Tugenden deines heiligsten Herzens bekleidet und von seinen Liebesflammen entzündet werden, damit wir verdienen, dem Bilde deiner Güte gleichförmig und deiner Erlösung teilhaftig zu werden, der du lebst und regierst in Ewigkeit.
A. Amen.

V. „Gelobt, angebetet und mit dankbarem Gemüte geliebt sei das Herz Jesu im heiligen Sakramente in jedem Augenblicke, in allen Tabernakeln der Welt bis zur Vollendung der Zeiten.
A. Amen."
Ablaß von 100 Tagen einmal täglich. Ω.

V. Lasset uns beten für diejenigen aus uns, welche sich vielleicht in schwerer Sünde befinden, damit sie durch wahre Buße und Bekehrung die heiligmachende Gnade wiedererlangen: Vater unser...

V. Lasset uns beten für denjenigen, den zuerst der Tod aus unserer Mitte abberufen wird, damit der Herr ihm eine selige Sterbestunde verleihe: Vater unser...

V. Lasset uns beten für die Armen Seelen im Fegfeuer, insbesondere für unsere verstorbenen Angehörigen, Wohltäter und Freunde: Vater unser...

Gesang

Zum Segen am Schluß

V. Himmlischer Vater, blicke gnädig herab auf deine arme hier versammelte Gemeinde. In gegenwärtiger Stunde wird in vielen tausend katholischen Kirchen, wo unsere Brüder zum Gebete vereinigt sind, der Segen mit dem hochwürdigsten Gute gegeben. Ach! Wir haben das hochheilige Sakrament nicht mehr; wir haben keinen Priester mehr, der uns den Segen erteile! Darum bitten wir dich, o Vater, durch die Verdienste und das kostbare Blut Jesu Christi, du selbst wollest uns jetzt segnen von deinem hohen Himmelsthrone herab.
A. Vater, segne deine Kinder!

Ablaßgebet

V. „Ewiger Vater, wir opfern dir auf das kostbare Blut Jesu, welches er mit so großer Liebe und so großen Schmerzen aus der Wunde seiner rechten Hand für uns vergossen hat, und bitten deine göttliche Majestät durch die Verdienste und die Kraft desselben, uns deinen heiligen Segen zu erteilen, damit wir dadurch gegen unsere Feinde beschützt und gnädig von allen Übeln befreit werden mögen, indem wir sprechen:

(Die Meßdiener schellen)

A. Der Segen des allmächtigen Gottes, des + Vaters und des + Sohnes und des Heiligen + Geistes komme über uns und bleibe bei uns allezeit. Amen.
V. Lasset uns der allerheiligsten Dreifaltigkeit für alle empfangenen Wohltaten Dank sagen:
„Vater unser. Gegrüßet. Ehre sei.“
Ablaß von 100 Tagen. Ω.

ZWEITE
NACHMITTAGSANDACHT

ZUM BITTEREN LEIDEN UND KOSTBAREN BLUTE,
ZUGLEICH UM DIE GNADE EINES SELIGEN TODES

Wie die Herz-Jesu-Andacht, so ist auch die Andacht zum kostbaren Blute eine „Andacht in der Not." Dieselbe gewann namentlich in den traurigen Zeiten der ersten französischen Revolution eine große Verbreitung.

Zum Segen

V. Himmlischer Vater, blicke gnädig herab auf deine arme hier versammelte Gemeinde. In gegenwärtiger Stunde wird in vielen tausend katholischen Kirchen, wo unsere Brüder zum Gebete vereinigt sind, der Segen mit dem hochwürdigsten Gute gegeben. Ach! Wir haben das hochheilige Sakrament nicht mehr; wir haben keinen Priester mehr, der uns den Segen erteile! Darum bitten wir dich, o Vater, durch die Verdienste und das kostbare Blut Jesu Christi, du selbst wollest uns jetzt segnen von deinem hohen Himmelsthrone herab.
A. Vater, segne deine Kinder!

Ablaßgebet

V. „Ewiger Vater, wir opfern dir auf das kostbare Blut Jesu, welches er mit so großer Liebe und so großen Schmerzen aus der Wunde seiner rechten Hand für uns vergossen hat, und bitten deine göttliche Majestät durch die Verdienste und die Kraft desselben, uns deinen heiligen Segen zu erteilen, damit wir dadurch gegen unsere Feinde beschützt und gnädig von allen Übeln befreit werden mögen, indem wir sprechen:

(Die Meßdiener schellen)

A. Der Segen des allmächtigen Gottes, des + Vaters und des + Sohnes und des Heiligen + Geistes komme über uns und bleibe bei uns allezeit. Amen.
V. Lasset uns der allerheiligsten Dreifaltigkeit für alle empfangenen Wohltaten Dank sagen:
„Vater unser. Gegrüßet. Ehre sei." **Ablaß von 100 Tagen. Ω.**

Gesang

Andenken an die Todesangst Jesu

Ablaßgebet

Nach jedem der „sieben Worte" kann ein Vers (z. B. von dem Lied: „Da Jesus an dem Kreuze hing") gesungen werden.

V. O Gott, merke auf meine Hilfe.
A. Herr, eile mir zu helfen.
V. Ehre sei dem Vater rc.

DIE SIEBEN WORTE JESU AM KREUZE

V. ERSTES WORT: „Vater, verzeihe Ihnen; denn sie wissen nicht was sie tun.“

V. Wir beten dich an, Herr Jesu Christe, und preisen dich.
A. Denn durch dein heiliges Kreuz hast du die Welt erlöset.

V. Geliebtester Jesus, der du aus Liebe zu mir am Kreuze die Todesangst erleidest, um mit deinem Leiden die Schuld meiner Sünden zu bezahlen, und deinen Mund öffnest, um mir Verzeihung von der göttlichen Gerechtigkeit zu erlangen: erbarme dich aller Gläubigen, die in den letzten Zügen liegen, und auch meiner, wenn ich dahin gelangt sein werde, und verleihe uns durch die Verdienste deines kostbarsten Blutes, das du für unser Heil vergossen hast, einen so lebhaften Schmerz über unsere Sünden, daß wir mit diesem Schmerze im Schoße deiner unendlichen Barmherzigkeit aus diesem Leben scheiden.
Ehre sei dem Vater re. (Dreimal.)

V. Erbarme dich unser, o Herr, erbarme dich unser.
A. Mein Gott, ich glaube an dich, ich hoffe auf dich, ich liebe dich, und es reuet mich über alles, daß ich dich mit meinen Sünden beleidigt habe.

V. ZWEITES WORT: „Heute wirst du mit mir im Paradiese sein.“

V. Wir beten dich an, Herr Jesu Christe, und preisen dich.
A. Denn durch dein heiliges Kreuz hast du die Welt erlöset.

V. Geliebtester Jesus, der du aus Liebe zu mir am Kreuze die Todesangst erleidest und so schnell und großmütig dem Glauben des guten Schächers, der dich in deiner Verdemütigung als den Sohn Gottes erkennt, entgegen kommst und ihn des Paradieses versicherst: erbarme dich aller Gläubigen, die in den letzten Zügen liegen, und auch meiner, wenn ich dahin gelangt sein werde, und erwecke durch die Verdienste deines kostbarsten Blutes in unserm Geiste einen so festen und standhaften Glauben, daß derselbe durch keine Einflüsterung des bösen Feindes erschüttert werde, damit auch uns der Lohn des Paradieses zu Teil werde.
Ehre sei dem Vater rc. (Dreimal.)

V. Erbarme dich unser, o Herr, erbarme dich unser.
A. Mein Gott rc. (wie oben)

V. DRITTES WORT: „Siehe da deine Mutter; siehe da deinen Sohn!"

V. Wir beten dich an, Herr Jesu Christe, und preisen dich.
A. Denn durch dein heiliges Kreuz hast du die Welt erlöset.

V. Geliebtester Jesus, der du aus Liebe zu mir am Kreuze die Todesangst erleidest und, dein eigenes Leiden vergessend, zum Pfande deiner Liebe uns deine heilige Mutter zurückließest, damit wir durch ihre Vermittlung in unsern Nöten mit Vertrauen zu dir unsere Zuflucht nehmen: erbarme dich aller Gläubigen, die in den letzten Zügen liegen, und auch meiner, wenn ich dahin gelangt sein werde, und erwecke durch das innerliche Martertum deiner dir so teuren Mutter in unsern Herzen eine so feste Hoffnung auf die unendlichen Verdienste deines kostbarsten Blutes, daß wir dadurch der ewigen Verdammnis, die wir für unsere Sünden verdient haben, entgehen.

Ehre sei dem Vater rc. (Dreimal.)

V. Erbarme dich unser, o Herr, erbarme dich unser.
A. Mein Gott rc. (wie oben)

V. VIERTES WORT: „Mein Gott, mein Gott, warum hast du mich verlassen?"

V. Wir beten dich an, Herr Jesu Christe, und preisen dich.
A. Denn durch dein heiliges Kreuz hast du die Welt erlöset.

V. Geliebtester Jesus, der du aus Liebe zu mir am Kreuze die Todesangst erleidest, Leiden auf Leiden häufest und, da du von deinem ewigen Vater verlassen wirst, außer so großen Schmerzen des Leibes auch die peinlichste Betrübnis der Seele mit unendlicher Geduld erträgst: erbarme dich aller Gläubigen, die in den letzten Zügen liegen, und auch meiner, wenn ich dahin gelangt sein werde, und verleihe uns durch die Verdienste deines kostbarsten Blutes die Gnade, mit wahrer Geduld alle Schmerzen und Ängsten unsers Todeskampfes zu ertragen, damit wir, unsere Leiden mit den deinigen vereinigend, deiner Herrlichkeit im Himmel teilhaftig werden.
Ehre sei dem Vater re. (Dreimal.)

V. Erbarme dich unser, o Herr, erbarme dich unser.
A. Mein Gott rc. (wie oben)

V. FÜNFTES WORT: „Mich dürstet!"

V. Wir beten dich an, Herr Jesu Christe, und preisen dich.
A. Denn durch dein heiliges Kreuz hast du die Welt erlöset.

V. Geliebtester Jesus, der du aus Liebe zu mir am Kreuze die Todesangst erleidest und nicht gesättiget von so vielen Leiden und Mißhandlungen noch mehr ertragen möchtest, damit nur alle Menschen gerettet würden, und so beweisest, daß dir das Meer deiner Leiden nicht genügt, um den Durst deines liebevollen Herzens zu stillen: erbarme dich aller Gläubigen, die in den letzten Zügen liegen, und auch meiner, wenn ich dahin gelangt sein werde, und entzünde durch die Verdienste deines kostbarsten Blutes in unseren Herzen ein solches Feuer der Liebe, daß es verschmachte vor Sehnsucht, sich mit dir zu vereinigen durch die ganze Ewigkeit. Ehre sei dem Vater rc. (Dreimal.)

V. Erbarme dich unser, o Herr, erbarme dich unser.
A. Mein Gott rc. (wie oben)

V. SECHSTES WORT: „Es ist vollbracht!"

V. Wir beten dich an, Herr Jesu Christe, und preisen dich.
A. Denn durch dein heiliges Kreuz hast du die Welt erlöset.

V. Geliebtester Jesus, der du aus Liebe zu mir am Kreuze die Todesangst erleidest, und von diesem Lehrstuhle der Wahrheit verkündigst, daß du das Werk der Erlösung vollbracht hast, durch welches wir aus Kindern des Zornes und des Verderbens Kinder Gottes und Erben des Himmelreiches geworden sind: erbarme dich aller Gläubigen, die in den letzten Zügen liegen, und auch meiner, wenn ich dahin gelangt sein werde, und durch die Verdienste deines kostbarsten Blutes reiße uns ganz los von der Welt und von uns selbst, und verleihe uns zur Zeit unsers Todeskampfes die Gnade, dir das Opfer unsers Lebens zur Sühnung unserer Sünden von ganzem Herzen darzubringen.

Ehre sei dem Vater rc. (Dreimal.)

V. Erbarme dich unser, o Herr, erbarme dich unser.
A. Mein Gott rc. (wie oben)

V. SIEBENTES WORT: „Vater, in deine Hände empfehle ich meinen Geist!"

V. Wir beten dich an, Herr Jesu Christe, und preisen dich.
A. Denn durch dein heiliges Kreuz hast du die Welt erlöset.

V. Geliebtester Jesus, der du aus Liebe zu mir am Kreuze die Todesangst erleidest, und zur Erfüllung eines so großen Opfers dich mit dem Willen des ewigen Vaters vereinigst, indem du deinen Geist in seine Hände empfiehlst, das Haupt neigst und stirbst: erbarme dich aller Gläubigen, die in den letzten Zügen liegen, und auch meiner, wenn ich dahin gelangt sein werde, und verleihe uns durch die Verdienste deines kostbarsten Blutes in unserer Todesstunde eine vollkommene Gleichförmigkeit mit deinem göttlichen Willen, damit wir bereit seien zu leben oder zu sterben, wie es dir wohlgefällig ist, und nichts anderes wünschen und verlangen, als daß dein anbetungswürdiger Wille vollkommen an uns in Erfüllung gehe.
Ehre sei dem Vater rc. (Dreimal.)

V. Erbarme dich unser, o Herr, erbarme dich unser.
A. Mein Gott rc. (wie oben)

Gebet zur schmerzhaften Mutter

V. Heiligste schmerzenreiche Mutter, wir bitten dich durch das innerliche Martertum das du zu den Füßen des Kreuzes während der dreistündigen Todesangst Jesu deines Sohnes erlitten hast, würdige dich, uns allen, die wir Kinder deiner Schmerzen sind, in unserer Todesangst beizustehen, damit wir von unserm Sterbelager in den Himmel eingehen und dort deine Krone seien in Ewigkeit. Gegrüßet seist du, Maria rc. (Dreimal.)

A. Maria, Mutter der Gnade, Mutter der Barmherzigkeit, beschütze uns vor dem Feinde und nimm uns auf in der Stunde unsers Todes.

V. Von dem jähen und unversehenen Tode
A. Erlöse uns, o Herr!
V. Von den Nachstellungen des Teufels
A. Erlöse uns, o Herr!
V. Von dem ewigen Tode
A. Erlöse uns, o Herr!

V. Lasset uns beten. O Gott, der du zum Heile des menschlichen Geschlechtes in dem schmerzvollen Tode deines Sohnes ein Beispiel und eine Zuflucht aufgerichtet hast: verleihe uns, wir bitten dich, daß wir in den Gefahren unserer Todesstunde die Wirkungen einer so großen Liebe erfahren und der Herrlichkeit dieses unsers Erlösers beigesellt werden mögen. Durch denselben Jesum Christum deinen Sohn unsern Herrn.
A. Amen.

Zum Schluß werden die nachstehenden Schußgebete, mit denen noch ein besonderer Ablaß von 300 Tagen verbunden ist, beigefügt:

V. „Jesus, Maria, Joseph! Euch schenke ich mein Herz und meine Seele."

A. „Jesus, Maria, Joseph! Stehet mir bei im letzten Todeskampfe."

V. „Jesus, Maria, Joseph! Möge meine Seele mit euch im Frieden von hinnen scheiden."

Ablaß von 300 Tagen für diese Andacht jedesmal. Ω.

Gebet zur Zeit der Trübsal

Ablaßgebet

V. Jesus Christus, der König der Glorie, kommt in Frieden.

A. Gott ist Mensch geworden.

V. Das Wort ist Fleisch geworden.

A. Christus ist geboren von Maria der Jungfrau.

V. Christus ging mitten durch sie hindurch in Frieden.

A. Christus ist gekreuzigt worden.

V. Christus ist gestorben.

A. Christus ist begraben worden.

V. Christus ist auferstanden.

A. Christus ist zum Himmel aufgefahren.

V. Christus überwindet.

A. Christus herrscht.

V. Christus gebietet.

A. Christus möge uns vor allem Übel bewahren.

V. Jesus ist mit uns.

Vater unser… Gegrüßet… Ehre sei…

V. Ewiger Vater, durch das Blut Jesu Barmherzigkeit! Bezeichne uns mit dem Blute Jesu, des unbefleckten Lammes, wie du dein Volk

Israel bezeichnet hast, um es von dem Tode zu befreien. Und du, o Maria, Mutter der Barmherzigkeit, bitte für uns, versöhne uns mit Gott, und erlange uns die Gnade,[9] welche wir begehren.
Ehre sei dem Vater rc.   **A.** Wie es war rc.

V. Ewiger Vater, durch das Blut Jesu Barmherzigkeit! Errette uns aus dem Schiffbruche der Welt, wie du Noah errettet hast aus der allgemeinen Sündflut. Und du, o Maria, Arche des Heiles, bitte für uns, versöhne uns mit Gott, und erlange uns die Gnade, welche wir begehren.
Ehre sei dem Vater rc.   **A.** Wie es war rc.

V. Ewiger Vater, durch das Blut Jesu Barmherzigkeit! Befreie uns von den verdienten Züchtigungen, wie du Loth befreit hast aus dem Brande von Sodoma. Und du, o Maria, unsere Fürsprecherin, bitte für uns, versöhne uns mit Gott, und erlange uns die Gnade, welche wir begehren.
Ehre sei dem Vater rc.   **A.** Wie es war re.

V. Ewiger Vater, durch das Blut Jesu Barmherzigkeit! Tröste uns in den gegenwärtigen Nöten und Trübsalen, wie du Job, Anna und Tobias getröstet hast in ihrer Betrübnis. Und du, o Maria, Trösterin der Betrübten, bitte für uns, versöhne uns mit Gott, und erlange uns die Gnade, welche wir begehren.
Ehre sei dem Vater rc   **A.** Wie es war rc.

V. Ewiger Vater, durch das Blut Jesu Barmherzigkeit! Du willst nicht den Tod des Sünders, sondern daß er sich bekehre und lebe: um

---

[9] z.B. die Gnade, daß die Gemeinde bald wieder einen Priester erhalte oder die Gnade eines seligen Todes, rc.

deiner Barmherzigkeit willen gib uns Zeit zur Buße, damit wir in uns gehen und unsere Sünden, die Ursache aller Übel, bereuen und im heiligen Glauben, in der Hoffnung, in der Liebe und in dem Frieden unsers Herrn Jesu Christi leben. Und du, o Maria, Zuflucht der Sünder, bitte für uns, versöhne uns mit Gott, und erlange uns die Gnade, welche wir begehren.

Ehre sei dem Vater rc.   **A.** Wie es war rc.

V. O kostbares Blut Jesu, unserer Liebe, schreie zu deinem göttlichen Vater: Barmherzigkeit, Verzeihung, Gnade und Frieden für uns, für ....[10]) und für alle!

Ehre sei dem Vater rc.   **A.** Wie es war rc.

V. O Maria, unsere Mutter und unsere Hoffnung, bitte für uns, für.... und für alle, und erlange uns die Gnade, welche wir begehren.

Ehre sei dem Vater rc.   **A.** Wie es war rc.

V. Ewiger Vater ich opfere dir das Blut Jesu Christi auf zur Genugtuung für meine Sünden, für die Anliegen der heiligen Kirche und für die Bekehrung der Sünder. O Maria, unbefleckte Jungfrau, Mutter Gottes, bitte Jesus für uns, für .... und für alle.

A. Jesus und Maria, Barmherzigkeit!

V. Heiliger Erzengel Michael, heiliger Joseph, heilige Apostel Petrus und Paulus, Beschützer aller Gläubigen der Kirche Gottes, und alle Engel und Heilige des Himmels! Bittet für uns und erwirket Gnade

---

[10] Hier werden diejenigen genannt, für welche man noch besonders beten will, z.B. „für die heilige Kirche" oder: „für den Heiligen Vater, für unseren Bischof, rc." Man kann mit diesen Gebetsmeinungen abwechseln, oder auch mehrere zusammennehmen.

und Barmherzigkeit für uns, für.... und für alle.

A. Und so geschehe es!

Ablaß von 100 Tagen jedesmal. Ω. Dieses Gebet ist von dem seliggesprochenen Benedict Labre angegeben und auf das Kräftigste empfohlen worden.

Gesang

V. Lasset uns beten für diejenigen aus uns, welche sich vielleicht in schwerer Sünde befinden, damit sie durch wahre Buße und Bekehrung die heiligmachende Gnade wiedererlangen:
Vater unser...

Lasset uns beten für denjenigen, den zuerst der Tod aus unserer Mitte abberufen wird, damit der Herr ihm eine selige Sterbestunde verleihe: Vater unser...

Lasset uns beten für die armen Seelen im Fegfeuer, insbesondere für unsere verstorbenen Angehörigen, Wohltäter und Freunde: Vater unser...

Zum Segen am Schluß

V. Himmlischer Vater, blicke gnädig herab auf deine arme hier versammelte Gemeinde. In gegenwärtiger Stunde wird in vielen tausend katholischen Kirchen, wo unsere Brüder zum Gebete vereinigt sind, der Segen mit dem hochwürdigsten Gute gegeben. Ach! Wir haben das hochheilige Sakrament nicht mehr; wir haben keinen Priester mehr, der uns den Segen erteile! Darum bitten wir dich, o Vater, durch die Verdienste und das kostbare Blut Jesu Christi, du selbst wollest uns jetzt segnen von deinem hohen Himmelsthrone herab.

A. Vater, segne deine Kinder!

Ablaßgebet

V. „Ewiger Vater, wir opfern dir auf das kostbare Blut Jesu, welches er mit so großer Liebe und so großen Schmerzen aus der Wunde seiner rechten Hand für uns vergossen hat, und bitten deine göttliche Majestät durch die Verdienste und die Kraft desselben, uns deinen heiligen Segen zu erteilen, damit wir dadurch gegen unsere Feinde beschützt und gnädig von allen Übeln befreit werden mögen, indem wir sprechen:

(Die Meßdiener schellen)

A. Der Segen des allmächtigen Gottes, des + Vaters und des + Sohnes und des Heiligen + Geistes komme über uns und bleibe bei uns allezeit. Amen.

V. Lasset uns der allerheiligsten Dreifaltigkeit für alle empfangenen Wohltaten Dank sagen:

„Vater unser. Gegrüßet. Ehre sei.“

Ablaß von 100 Tagen. Ω.

DER HEILIGE ROSENKRANZ
FÜR
KIRCHE UND HAUS

Wenn der Vorbeter einen mit Ablässen benedizierten Rosenkranz besitzt und denselben während des Betens gebraucht, so können alle andächtigen Teilnehmer die Ablässe gewinnen, auch wenn sie keinen benedizierten Rosenkranz haben. Pius IX., Dekret V. 22. Jan. 1858. Um aber die mit dem Rosenkranz verbundenen Ablässe zu gewinnen, muß man f ü n f Gesätze auf einmal ohne merkliche Unterbrechung beten. Man wechselt ab mit den freudenreichen, schmerzhaften und glorreichen Geheimnissen.

Bei Abhaltung der Rosenkranz-Andacht in der Kirche kann nach jedem Gesätz ein Vers von einem entsprechenden Lied gesungen werden.

Wird diese Andacht in der Kirche als **Nachmittags-andacht** gehalten, dann wird zum **Segen am Anfang und Schluß** nachfolgendes Gebet gebetet.

Zum Segen

V. Himmlischer Vater, blicke gnädig herab auf deine arme hier versammelte Gemeinde. In gegenwärtiger Stunde wird in vielen tausend katholischen Kirchen, wo unsere Brüder zum Gebete vereinigt sind, der Segen mit dem hochwürdigsten Gute gegeben. Ach! Wir haben das hochheilige Sakrament nicht mehr; wir haben keinen Priester mehr, der uns den Segen erteile! Darum bitten wir dich, o Vater, durch die Verdienste und das kostbare Blut Jesu Christi, du selbst wollest uns jetzt segnen von deinem hohen Himmelsthrone herab.

A. Vater, segne deine Kinder!

Ablaßgebet

V. „Ewiger Vater, wir opfern dir auf das kostbare Blut Jesu, welches er mit so großer Liebe und so großen Schmerzen aus der Wunde seiner rechten Hand für uns vergossen hat, und bitten deine göttliche Majestät durch die Verdienste und die Kraft desselben, uns deinen heiligen Segen zu erteilen, damit wir dadurch gegen unsere Feinde beschützt und gnädig von allen Übeln befreit werden mögen, indem wir sprechen:

(Die Meßdiener schellen)

A. Der Segen des allmächtigen Gottes, des + Vaters und des + Sohnes und des Heiligen + Geistes komme über uns und bleibe bei uns allezeit. Amen.

V. Lasset uns der Allerheiligsten Dreifaltigkeit für alle empfangenen Wohltaten Dank sagen:
„Vater unser. Gegrüßet. Ehre sei."
Ablaß von 100 Tagen. Ω.

DER FREUDENREICHE ROSENKRANZ
UM GNADE IN DER GEGENWÄRTIGEN TRÜBSAL

Vorbereitungsgebet

V. Im Namen des + Vaters rc.

Gegrüßt seist du Königin, Mutter der Barmherzigkeit, unser Leben, unsere Süßigkeit und unsere Hoffnung, sei gegrüßt! Zu dir rufen wir, verbannte Kinder Evas; zu dir seufzen wir trauernd und weinend in diesem Tale der Tränen. Wohlan denn, unsere Fürsprecherin, wende deine barmherzigen Augen zu uns und zeige uns nach diesem Elende Jesum, die gebenedeite Frucht deines Leibes, o gütige, o milde, o süße Jungfrau Maria!

V. Würdige mich, zu loben dich, geheiligte Jungfrau.
A. Gib mir Kraft wider deine Feinde.

V. Lasset uns beten. Barmherziger Gott, erhöre gnädig das Flehen deiner Kinder, damit wir, in der Andacht des hochheiligen Rosenkranzes vereinigt, durch die Fürbitte der unbefleckt empfangenen allzeit jungfräulichen Gottesmutter Maria von den bevorstehenden Gefahren und dem ewigen Tode gerettet werden. Durch Christum unsern Herrn.
A. Amen.

Ich glaube an Gott den Vater..., Vater unser...,
Gegrüßet seist du ... Jesus, der in uns den Glauben mehren wolle.
Gegrüßet seist du ... Jesus, der in uns die Hoffnung stärken wolle.
Gegrüßet seist du ... Jesus, der in uns die Liebe entzünden wolle.
Ehre sei dem Vater.

V. ERSTES GEHEIMNIS: Jesus, den du, o Jungfrau, vom Heiligen Geiste empfangen hast.

V. Gütigste Jungfrau Maria, die du nach des Engels Worten Gnade gefunden bei Gott und durch Überschattung des Heiligen Geistes Mutter des Sohnes Gottes geworden: laß durch dieses Geheimnis auch uns bei Gott Gnade finden und die Verzeihung unserer Sünden erlangen.

A. „O Maria, ohne Sünde empfangen, bitt' für uns, die wir unsere Zuflucht zu dir nehmen."
300 Tage Ablaß.

Jetzt folgt das Gesätz:
Vater unser... 10 Gegrüßet... Ehre sei...

V. ZWEITES GEHEIMNIS: Jesus, den du, o Jungfrau, zu Elisabeth getragen hast.

V. Gütigste Jungfrau Maria, die du auf Antrieb des Heiligen Geistes dich zu Elisabeth begibst und mit ihr vereint Gott lobest und preisest: erlange uns durch dieses Geheimnis die Gnade, daß wir uns niemals in sündhafte Zusammenkünfte und gefährliche Gelegenheiten einlassen, sondern vielmehr durch wahre Gottesfurcht und Tugend uns gegenseitig erbauen.

A. „O Maria, ohne Sünde empfangen, bitt' für uns, die wir unsere Zuflucht zu dir nehmen."

Vater unser... 10 Gegrüßet... Ehre sei...

V. DRITTES GEHEIMNIS: Jesus, den du, o Jungfrau, geboren hast.

V. Gütigste Jungfrau Maria, die du zu Bethlehem in einem Stalle das göttliche Kind geboren und in eine Krippe gelegt hast: erlange uns durch dieses Geheimnis die Gnade, daß wir stets die Kindschaft Gottes bewahren und mit einander durch brüderliche Liebe vereinigt bleiben.

A. „O Maria, ohne Sünde empfangen, bitt' für uns, die wir unsere Zuflucht zu dir nehmen."

Vater unser... 10 Gegrüßet... Ehre sei...

V. VIERTES GEHEIMNIS: Jesus, den du, o Jungfrau, im Tempel aufgeopfert hast.

V. Gütigste Jungfrau Maria, die du bei der Aufopferung Jesu im Tempel von Simeon die prophetischen Worte vernahmest: „Dieser ist gesetzt zum Falle und zur Auferstehung Vieler in Israel": Erlange uns durch dieses Geheimnis die Gnade, daß die gegenwärtige Trübsal der Kirche uns nicht zum Falle, sondern zum Heile und zur Vermehrung unserer Verdienste gereiche.

A. „O Maria, ohne Sünde empfangen, bitt' für uns, die wir unsere Zuflucht zu dir nehmen."

Vater unser... 10 Gegrüßet... Ehre sei...

V. FÜNFTES GEHEIMNIS: Jesus, den du, o Jungfrau, im Tempel wiedergefunden hast.

V. Gütigste Jungfrau Maria, die du Jesus, als du ihn verloren, drei Tage mit Schmerzen gesucht und ihn dann im Tempel mit Freuden wiedergefunden hast: erlange uns durch dieses Geheimnis die Gnade, daß wir doch bald Jesum hier in unserer Kirche wiederfinden und seiner süßen Gegenwart im heiligen Opfer und Sakramente uns wieder, wie früher, erfreuen mögen.

A. „O Maria, ohne Sünde empfangen, bitt' für uns, die wir unsere Zuflucht zu dir nehmen."

Vater unser... 10 Gegrüßet... Ehre sei...

Lauretanische Litanei
(Aus einem beliebigen Gebetsbuch)
Dieselbe hat einen Ablaß von 300 Tagen

Das Memorare
oder: Gedenke, o gütigste Jungfrau Maria

Ablaßgebet

V. „Gedenke, o gütigste Jungfrau Maria, es sei noch nie erhört worden, daß jemand, der zu dir seine Zuflucht nahm, deinen Beistand anrief und um deine Fürbitte dich anflehte, verlassen worden wäre. Von solchem Vertrauen beseelt eile ich zu dir, o Jungfrau der Jungfrauen; zu dir komme ich, o Mutter, und erscheine als ein armer Sünder seufzend vor dir. Wollest doch, o Mutter des ewigen Wortes, meine Worte nicht verschmähen, sondern höre mich gnädig an und erhöre mich. Amen."
Ablaß von 300 Tagen jedesmal; †IV, Ω.

DER SCHMERZHAFTE ROSENKRANZ
UM EINEN SELIGEN TOD

Wird diese Andacht in der Kirche als **Nachmittags-andacht** gehalten, dann wird zum **Segen am Anfang und Schluß** das Gebet Seite 126 - 127 verrichtet.

Vorbereitungsgebet

V. Im Namen des + Vaters rc.
Gegrüßt seist du Königin, Mutter der Barmherzigkeit, unser Leben, unsere Süßigkeit und unsere Hoffnung, sei gegrüßt! Zu dir rufen wir, verbannte Kinder Evas; zu dir seufzen wir trauernd und weinend in diesem Tale der Tränen. Wohlan denn, unsere Fürsprecherin, wende deine barmherzigen Augen zu uns und zeige uns nach diesem Elende Jesum, die gebenedeite Frucht deines Leibes, o gütige, o milde, o süße Jungfrau Maria!

V. Würdige mich, zu loben dich, geheiligte Jungfrau.
A. Gib mir Kraft wider deine Feinde.

V. Lasset uns beten. Barmherziger Gott, erhöre gnädig das Flehen deiner Kinder, damit wir, in der Andacht des hochheiligen Rosenkranzes vereinigt, durch die Fürbitte der unbefleckt empfangenen allzeit jungfräulichen Gottesmutter Maria von den bevorstehenden Gefahren und dem ewigen Tode gerettet werden. Durch Christum unsern Herrn.
A. Amen.

Ich glaube an Gott den Vater..., Vater unser...,
Gegrüßet seist du ... Jesus, der in uns den Glauben mehren wolle.
Gegrüßet seist du ... Jesus, der in uns die Hoffnung stärken wolle.
Gegrüßet seist du ... Jesus, der in uns die Liebe entzünden wolle.
Ehre sei dem Vater.

V. ERSTES GEHEIMNIS: Jesus, der für uns im Garten Blut geschwitzt hat.

V. Göttlicher Heiland, der du aus Liebe zu mir im Ölgarten die Todesangst erleidest und voll Ergebung zum Vater betest: „Vater, wenn es möglich ist, so laß diesen Kelch an mir vorübergehen; doch nicht wie ich will, sondern wie du willst": Ich bitte dich durch dieses Geheimnis, daß mein Herz beim Herannahen des Todes nicht verwirrt und erschreckt werden möge, sondern mit kindlicher Ergebung sich dem anbetungswürdigen göttlichen Willen gänzlich überlasse. A. Und du, o schmerzhafte Mutter, eile mir zu Hilfe in jener Stunde! — „Süßes Herz Mariä, sei meine Rettung!"
300 Tage jedesmal; † IV. Ω.

Jetzt folgt das Gesätz:
Vater unser... 10 Gegrüßet... Ehre sei...

V. ZWEITES GEHEIMNIS: Jesus, der für uns ist gegeißelt worden.

V. Göttlicher Heiland, der du aus Liebe zu mir dich an die Säule binden und von Geißeln grausam zerfleischen lässest: Ich bitte dich durch dieses Geheimnis, daß du mich im letzten Streite gegen die wütenden Anfälle Satans mit starkem Schilde decken und mir einen lebendigen Glauben und ein unerschütterliches Vertrauen einflössen wollest.

A. Und du, o schmerzhafte Mutter, eile mir zu Hilfe in jener Stunde! — „Süßes Herz Mariä, sei meine Rettung!"

Vater unser... 10 Gegrüßet... Ehre sei...

V. DRITTES GEHEIMNIS: Jesus, der für uns mit Dornen ist gekrönt worden.

V. Göttlicher Heiland, der du aus Liebe zu mir Spott und Hohn erduldest und mit Dornen gekrönt wirst: ich bitte dich durch dieses Geheimnis, daß du mein Herz im Tode mit dem heilsamen Stachel der wahren vollkommenen Reue verwunden wollest, damit ich hienieden Verzeihung gewinne und in deinem Gerichte nicht zu Schanden werde.

A. Und du, o schmerzhafte Mutter, eile mir zu Hilfe in jener Stunde! — „Süßes Herz Mariä, sei meine Rettung!"

Vater unser... 10 Gegrüßet... Ehre sei...

V. VIERTES GEHEIMNIS: Jesus, der für uns das schwere Kreuz getragen hat.

V. Göttlicher Heiland, der du aus Liebe zu mir dein Kreuz den Kalvarienberg hinan trägst und dreimal unter der schweren Last zu Boden fällst: Ich bitte dich durch dieses Geheimnis, stärke mich in den letzten schweren Nöten, damit ich in vollkommener Geduld ausharre und den Tod aus Gottes Hand als Buße für meine Sünden willig annehme.

A. Und du, o schmerzhafte Mutter, eile mir zu Hilfe in jener Stunde! — „Süßes Herz Mariä, sei meine Rettung!"

Vater unser... 10 Gegrüßet... Ehre sei...

V. FÜNFTES GEHEIMNIS: Jesus, der für uns ist gekreuzigt worden.

V. Göttlicher Heiland, der du aus Liebe zu mir dich mit Nägeln ans Kreuz schlagen lässest und nach dreistündigen bitteren Todesqualen deinen Geist in die Hände deines Vaters aushauchest: Ich bitte dich durch dieses Geheimnis, entzünde mich in meiner Todesstunde mit dem Feuer einer vollkommenen Liebe und heiligen Sehnsucht nach dir und laß dann endlich meine Seele in deiner Gnade selig von hinnen scheiden.

A. Und du, o schmerzhafte Mutter, eile mir zu Hilfe in jener Stunde! — „Süßes Herz Mariä, sei meine Rettung!"

Vater unser... 10 Gegrüßet... Ehre sei...

Lauretanische Litanei
(Aus einem beliebigen Gebetsbuch)
Dieselbe hat einen Ablaß von 300 Tagen

Ablaßgebet
um die hl. Sterbesakramente

„O Maria, ohne Makel empfangen, bitte für uns, die wir uns zu dir flüchten. O Zuflucht der Sünder, o Mutter der Sterbenden, verlasse uns nicht in der Stunde unseres Todes, sondern erlange uns einen vollkommenen Reueschmerz und eine aufrichtige Zerknirschung, die Nachlassung unserer Sünden, den würdigen Empfang der heiligen Wegzehrung und die Stärkung durch das Sakrament der letzten Ölung, damit wir in Sicherheit erscheinen mögen vor dem Throne des gerechten, aber auch barmherzigen Richters, unsers Gottes und Erlösers. Amen."

Ablaß von 100 Tagen einmal täglich.

DER GLORREICHE ROSENKRANZ
FÜR DIE ANLIEGEN DER KIRCHE

Wird diese Andacht in der Kirche als **Nachmittags-andacht** gehalten, dann wird zum **Segen am Anfang und Schluß** das Gebet Seite 126 - 127 gebetet.

Vorbereitungsgebet

V. Im Namen des + Vaters rc.

Gegrüßt seist du Königin, Mutter der Barmherzigkeit, unser Leben, unsere Süßigkeit und unsere Hoffnung, sei gegrüßt! Zu dir rufen wir, verbannte Kinder Evas; zu dir seufzen wir trauernd und weinend in diesem Tale der Tränen. Wohlan denn, unsere Fürsprecherin, wende deine barmherzigen Augen zu uns und zeige uns nach diesem Elende Jesum, die gebenedeite Frucht deines Leibes, o gütige, o milde, o süße Jungfrau Maria!

V. Würdige mich, zu loben dich, geheiligte Jungfrau.
A. Gib mir Kraft wider deine Feinde.

V. Lasset uns beten. Barmherziger Gott, erhöre gnädig das Flehen deiner Kinder, damit wir, in der Andacht des hochheiligen Rosenkranzes vereinigt, durch die Fürbitte der unbefleckt empfangenen allzeit jungfräulichen Gottesmutter Maria von den bevorstehenden Gefahren und dem ewigen Tode gerettet werden. Durch Christum unsern Herrn.
A. Amen.

Ich glaube an Gott den Vater..., Vater unser...,
Gegrüßet seist du ... Jesus, der in uns den Glauben mehren wolle.
Gegrüßet seist du ... Jesus, der in uns die Hoffnung stärken wolle.
Gegrüßet seist du ... Jesus, der in uns die Liebe entzünden wolle.
Ehre sei dem Vater...

V. ERSTES GEHEIMNIS: Jesus, der von den Toten auferstanden ist.

V. Jesus Christus, Sohn des lebendigen Gottes, der du am dritten Tage glorreich von den Toten auferstanden bist und hierdurch deiner Lehre das Siegel der Beglaubigung aufgedrückt hast: Wir bitten durch dieses Geheimnis, daß die Göttlichkeit deiner Kirche auf der ganzen Erde anerkannt und der katholische Glaube überall verbreitet werde.

A. Glorreiche Himmelskönigin, du Hilfe der Christen, bitte für uns!

Jetzt folgt das Gesätz:
Vater unser... 10 Gegrüßet... Ehre sei...

V. ZWEITES GEHEIMNIS: Jesus, der in den Himmel aufgefahren ist.

V. Jesus Christus, Sohn des lebendigen Gottes, der du vierzig Tage nach deiner Auferstehung wunderbar zum Himmel aufgefahren bist, nachdem du die Verheißung gegeben: „Siehe, ich bin bei euch alle Tage bis ans Ende der Welt": Wir bitten durch dieses Geheimnis, daß du deinen allmächtigen Arm ausstreckest und deine Kirche gegen die Pforten der Hölle verteidigst.

A. Glorreiche Himmelskönigin, du Hilfe der Christen, bitte für uns!

Vater unser... 10 Gegrüßet... Ehre sei...

V. DRITTES GEHEIMNIS: Jesus, der uns den Heiligen Geist gesandt hat.

V. Jesus Christus, Sohn des lebendigen Gottes, der du am Pfingstfeste der Kirche den Heiligen Geist gesandt hast, damit er in Ewigkeit bei ihr bleibe: wir bitten durch dieses Geheimnis, daß die Herrschaft des Irrtums zerstört werde und alle Verirrten in den Schoß der wahren Kirche zurückkehren.

A. Glorreiche Himmelskönigin, du Hilfe der Christen, bitte für uns!

Vater unser... 10 Gegrüßet... Ehre sei...

V. VIERTES GEHEIMNIS: Jesus, der dich, o Jungfrau, in den Himmel aufgenommen hat.

V. Jesus Christus, Sohn des lebendigen Gottes, der du deine geliebte Mutter durch den süßesten Tod aus dieser Welt zu dir genommen hast: Wir bitten durch dieses Geheimnis, daß alle Sünder durch das Andenken an den Tod in sich gehen, wahre Buße tun und in die göttliche Gnade aufgenommen werden.

A. Glorreiche Himmelskönigin, du Hilfe der Christen, bitte für uns!

Vater unser... 10 Gegrüßet... Ehre sei...

V. FÜNFTES GEHEIMNIS: Jesus, der dich, o Jungfrau, im Himmel gekrönt hat.

V. Jesus Christus, Sohn des lebendigen Gottes, der du deine geliebte Mutter zur Königin des Himmels erhoben und mit unaussprechlicher Herrlichkeit gekrönt hast: Wir bitten durch dieses Geheimnis, daß die Heilige Kirche aus allen Leiden ruhmgekrönt hervorgehe und wir selbst einstens im Himmel die Krone des Sieges erlangen.

A. Glorreiche Himmelskönigin, du Hilfe der Christen, bitte für uns!

Vater unser... 10 Gegrüßet... Ehre sei...

Lauretanische Litanei
(Aus einem beliebigen Gebetsbuch)
Dieselbe hat einen Ablaß von 300 Tagen

GEBET ZU MARIA
DER KÖNIGIN DES FRIEDENS

Ablaßgebet

V. „Sei gegrüßt, erhabene Königin des Friedens, heiligste Mutter Gottes! Durch das geheiligte Herz Jesu, deines Sohnes, des Friedensfürsten, bitten wir dich, bewirke, daß sein Zorn sich besänftige und er in Frieden über uns herrsche. Gedenke, o gütigste Jungfrau Maria, es sei noch nie erhört worden, daß jemand, der um deine Fürbitte dich anflehte, verlassen worden wäre. Von solchem Vertrauen beseelt, komme ich zu dir; verschmähe meine Worte nicht, o Mutter des ewigen Wortes, sondern höre und erhöre mich huldreich, o gütige, o milde, o süße Jungfrau Maria."

Ablaß von 300 Tagen jedesmal; †IV. Ω.

DER HEILIGE KREUZWEG

FÜR DIE ANLIEGEN DER HEILIGEN KIRCHE

Mit dem heiligen Kreuzweg sind viele Ablässe, darunter mehrere vollkommene, verbunden, welche sämtlich den Abgestorbenen zuwendbar sind. Für Gewinnung dieser Ablässe, auch der vollkommenen, ist keine Beichte und Kommunion, sondern nur der Stand der Gnade und die auf die Ablässe gerichtete Meinung erforderlich.

Man muß alle 14 Stationen der Reihe nach besuchen und dabei das Leiden Christi erwägen. Es ist Vorschrift, daß man sich von einer Station zur andern körperlich fortbewege; wo dieses wegen Schwäche des Körpers oder Beschränktheit des Raumes nicht geschehen kann, muß man sich wenigstens durch eine kleine Bewegung zur folgenden Station hinwenden.

Die Ablässe können mehrere Male an demselben Tage gewonnen werden. Will man den Kreuzweg für die Anliegen der Kirche halten, so kann man aus einem beliebigen Buche die Stationsgebete nehmen und nach jeder Station die folgenden Anrufungen beifügen:

V. Daß du deine heilige Kirche regieren und erhalten wollest. —
A. Wir bitten dich, erhöre uns.
V. Daß du uns im wahren Glauben befestigen und stärken wollest. —
A. Wir bitten dich, erhöre uns.
V. Daß du den Armen Seelen die ewige Ruhe verleihen wollest. —
A. Wir bitten dich, erhöre uns.
V. Herr, laß sie ruhen im Frieden. — A. Amen.

DIE SPENDUNG DER HL. TAUFE,

WENN KEIN PRIESTER ZU HABEN IST

(Vergleiche Lehr- und Trostbüchlein, Band I, vom gleichen Verfasser)

Der Taufende betet vor.
V. „Im Namen des Vaters ..." Ich glaube... Vater unser...
Gegrüßet...

V. Göttlicher Heiland! Du hast die heilige Taufe als das erste und
notwendigste Sakrament eingesetzt und gesagt: „Wenn jemand
nicht wiedergeboren wird aus dem Wasser und dem Heiligen
Geiste, so kann er in das Reich Gottes nicht eingehen." Joh. 3, 5. Da
du aber zu ordentlichen Spendern dieses Sakramentes die Bischöfe
und Priester bestelltest, hast du zugleich gewollt, daß im Falle der
Not jeder Mensch gültig und erlaubt solle taufen können. Wir
befinden uns jetzt leider in diesem traurigen Notfalle. Indem ich
Unwürdiger nun im Vertrauen auf deine unendliche
Barmherzigkeit mich anschicke, mit Gutheißung der Kirche dieses
Sakrament zu spenden, mache ich die Meinung, zu tun, was die
Kirche tut, damit dieses Kindlein hier im Bade der Wiedergeburt
von der Erbsünde gereinigt und zum ewigen Leben wiedergeboren
werde. Hilf mir, o Jesus, mit deiner Gnade, daß ich alles recht mache!
In dieser feierlichen Stunde erinnern wir alle uns dankbar der
unaussprechlichen Wohltat, daß du uns vor so vielen Millionen
Menschen zum Christentum und in den Schoß der allein wahren
Kirche berufen hast. Es reuet uns von Herzen, daß wir gegen dich so
treulos gewesen und dich mit zahllosen Sünden beleidigt haben. Wir
bitten dich demütig um Verzeihung. Zum Beweise, daß wir in
Zukunft dir treuer dienen wollen, erneuern wir jetzt in unserm
Namen und im Namen dieses Kindes unsern Taufbund.

A. Wir **widersagen** dem Teufel, und allen seinen Werken, und aller seiner Pracht.

Wir **glauben** an Gott den Vater, den allmächtigen Schöpfer Himmels und der Erde.

Wir **glauben** an Jesum Christum, seinen eingeborenen Sohn, unsern Herrn, der Mensch geworden ist und gelitten hat.

Wir **glauben** an den Heiligen Geist, eine heilige katholische Kirche, Gemeinschaft der Heiligen, Auferstehung des Fleisches und ein ewiges Leben.

V. Lasset uns jetzt beten, daß dieses Kind der heiligen Taufgnade teilhaftig werden möge:

**Litanei von der Allerheiligsten Dreifaltigkeit
oder Litanei vom süßen Namen Jesu**

Hierauf stehen alle auf.
Der Pate oder die Patin hält das Kind bei der Taufe, während der Nebenpate die rechte Hand auf dasselbe legt. Der Taufende nimmt das Gefäß mit Tauf- resp. Weih- oder natürlichem Wasser, gießt aus demselben dreimal über den Kopf des Kindes in Form eines Kreuzes und spricht während des Aufgießens einmal langsam, deutlich und aufmerksam die Worte:

„N." (hier nennt er den Namen des Kindes) ICH TAUFE DICH IM NAMEN DES VATERS ✝ (hier gießt er zum ersten Male) UND DES SOHNES ✝ (hier gießt er zum zweiten Male) und DES HEILIGEN ✝ GEISTES". (hier gießt er zum dritten Male)

Das Wörtchen „Amen" **wird hier nicht beigefügt. —**
Das Wasser muß die Haut des Kopfes oder die Stirn berühren und abfließen. Ist es Tauf- oder Weihwasser, so wird es in einem Gefäß aufgefangen und ins Feuer geschüttet.

Nach der Taufe

Alle knien.

V. Allmächtiger ewiger Gott, Vater unsers Herrn Jesu Christi, siehe gnädig auf diesen deinen *Diener* (*Dienerin*) N. herab, welchen (welche) du jetzt durch das Bad der Wiedergeburt von aller Schuld gereinigt, mit der heiligmachenden Gnade geschmückt und zu deinem Kinde angenommen hast. Das Kindlein selbst kann dir noch nicht danken; darum sagen wir aus der Fülle des Herzens dir Dank in seinem Namen. Wir bitten zugleich deine Gütigkeit, laß nicht zu, daß dieses Kind jemals durch eine schwere Sünde in die Knechtschaft Satans zurückfalle; erhalte dasselbe stets in deiner Gnade und führe es auf dem Wege des Heiles zum ewigen Leben. Durch Christum, unsern Herrn. **A.** Amen.

V. Heilige Mutter Gottes, wir weihen dir dieses Kind; laß es dir nie geraubt werden. Und all' ihr Heiligen Gottes, bittet für dieses Kindlein und für uns, daß wir, wie wir jetzt auf Erden mit euch durch denselben Glauben vereiniget sind, so auch einstens im Himmel in derselben Glorie mit euch mögen vereiniget werden. **A.** Amen.

Litanei von allen Heiligen

Man mache die nötigen Aufzeichnungen. Später bringe man, wenn es möglich wird, das Kind zu einem Priester, damit die feierlichen Tauf-Zeremonien nachgeholt werden. — Ist das Kind in Lebensgefahr, so wird die Taufe s o f o r t erteilt mit Auslassung der Vorbereitungsgebete.

BEERDIGUNG EINES ERWACHSENEN
OHNE PRIESTER

Im Sterbehause besprengt der Vorbeter den Sarg mit Weihwasser.

Dann wird abwechselnd der Psalm 129 gesprochen, wie folgt:

V. Aus der Tiefe rufe ich zu dir, o Herr; Herr, erhöre meine Stimme! Laß deine Ohren merken auf die Stimme meines Gebetes.

Wenn du der Sünden gedenken willst, o Herr: Herr, wer wird vor dir bestehen?

Aber bei dir ist Verzeihung zu finden, und wegen deines Gesetzes verlasse ich mich auf dich, o Herr.

Meine Seele verläßt sich auf sein Wort, meine Seele hoffet auf den Herrn.

Von der Morgenwache bis zur Nacht soll Israel auf den Herrn hoffen.

Denn bei dem Herrn ist Barmherzigkeit und überreiche Erlösung.

Und er selbst wird Israel erlösen von allen seinen Sünden.

V. Herr, gib ihm (ihr) die ewige Ruhe!
A. Und das ewige Licht leuchte ihm (ihr)!
V. Herr, erbarme dich unser.
A. Christe, erbarme dich unser.
V. Herr, erbarme dich unser. Vater unser rc.

V. Von den Pforten der Hölle
A. Errette, o Herr, seine (ihre) Seele.
V. Herr, erhöre mein Gebet.
A. Und laß mein Rufen zu dir kommen.

V. Lasset uns beten: Erlöse, o Herr, die Seele deines Dieners (deiner Dienerin) N., damit er (sie), der Welt abgestorben, nur dir lebe: Und die Sünden, die er (sie) aus menschlicher Schwachheit während seines (ihres) Wandels auf Erden begangen hat, vergib ihm (ihr) durch deine unendliche Gnade und Erbarmung. Durch Christum unsern Herrn. **A.** Amen.

V. Herr, gib ihm (ihr) die ewige Ruhe!
A. Und das ewige Licht leuchte ihm (ihr)!
V. Laß ihn (sie) ruhen im Frieden.
A. Amen.

Nun setzt sich der Leichenzug in Bewegung.

Auf dem Weg zum Gottesacker wird gebetet (z. B. der Rosenkranz, die Litanei für die Abgestorbenen rc.) oder gesungen.

Wenn der Sarg ins Grab gesenkt ist, kann der Vorbeter drei Schaufeln Erde auf den Sarg werfen, indem er dabei spricht:

V. Gedenke, o Mensch,
daß du Staub bist,
und wieder in den Staub zurückkehren wirst.

Alsdann:
V. Herr, erbarme dich unser!
A. Christe, erbarme dich unser!
V. Herr, erbarme dich unser! Vater unser rc.
V. Herr, erhöre mein Gebet.
A. Und laß mein Rufen zu dir kommen.

V. Lasset uns beten: Wir bitten dich, o Gott, erweise deinem verstorbenen Diener (Dienerin) N. jene Barmherzigkeit, durch

welche er (sie) seiner (ihrer) Taten wegen, nicht Strafe empfange, da er (sie) deinen Willen zu erfüllen bestrebt gewesen ist: damit, wie ihn (sie) hier der wahre Glaube verbunden hat mit den Scharen der Gläubigen, auch dort deine Erbarmung ihn (sie) den Chören der Engel zugeselle. Durch Christum unsern Herrn.
A. Amen.

V. Herr, gib ihm (ihr) die ewige Ruhe!
A. Und das ewige Licht leuchte ihm (ihr)!
V. Laß ihn (sie) ruhen im Frieden.
A. Amen.

Hierauf **ein Vater unser** für den Verstorbenen,
ein **zweites** für alle, die auf dem Gottesacker ruhen,
und ein **drittes** für denjenigen aus der Versammlung, den der Herr zuerst abberufen wird.

BEERDIGUNG EINES IN DER TAUFUNSCHULD GESTORBENEN KINDES OHNE PRIESTER

(Bei getauften Kindern, welche **vor dem siebenten Jahre** sterben)

Weil die Seele eines in der Taufunschuld gestorbenen Kindes sofort in den Himmel eingeht, so wird für dasselbe nicht gebetet, und sollen auch keine Trauerlieder gesungen werden.

Der Vorbeter besprengt den Sarg mit Weihwasser.

Dann wird abwechselnd der folgende Psalm 112 gebetet:

V. Lobet den Herrn, ihr seine Diener: lobet den Namen des Herrn.
Der Name des Herrn sei gebenedeit von nun an bis in Ewigkeit.
Vom Aufgang der Sonne bis zum Niedergange sei gelobet der Name des Herrn.
Hoch über alle Völker ist der Herr, und über die Himmel seine Herrlichkeit.
Wer ist, wie der Herr, unser Gott? der in der Höhe wohnet:
Der auf das Niedrige schauet im Himmel und auf Erden:
Der den Geringen aufrichtet aus dem Staube, und aus der Niedrigkeit erhöhet den Armen:
Daß er ihn setze neben die Fürsten, neben die Fürsten seines Volkes.
Ehre sei dem Vater rc.

V. Du hast mich zu dir genommen wegen meiner Unschuld,
A. Und hast mich befestigt vor deinem Angesichte für alle Ewigkeit.
V. Der Name des Herrn sei gebenedeit,
A. Von nun an bis in Ewigkeit.
V. Herr, erhöre mein Gebet!
A. Und laß mein Rufen zu dir kommen!

V. Lasset uns beten: Allmächtiger und allgütiger Gott, der du allen durch den Taufquell wiedergeborenen Kindern bei ihrem Hinscheiden aus dieser Welt ohne alles eigene Verdienst das ewige Leben im Jenseits schenkest, und dasselbe nach unserm Glauben auch heute an diesem Kinde getan hast: Laß uns, wir bitten dich o Herr, durch die Fürbitte der seligsten Jungfrau Maria und aller Heiligen mit reinem Geiste dir dienen und im Paradiese mit den seligen Kindern ewig vereint werden. Durch Christum unsern Herrn.
A. Amen.

Auf dem Weg zum Gottesacker: Gesang oder Gebet.

Nach Einsenkung des Sarges wirft der Vorbeter die üblichen drei Schaufeln Erde auf denselben mit den Worten:

V. Gedenke, o Mensch,
daß du Staub bist,
und wieder in den Staub zurückkehren wirst.

V. Lasset die Kleinen zu mir kommen,
A. Denn ihrer ist das Himmelreich.
V. Herr, erhöre mein Gebet!
A. Und laß mein Rufen zu dir kommen.

V. Lasset uns beten: Allmächtiger ewiger Gott, du Freund heiliger Unschuld, der du die Seele dieses Kindes aus Barmherzigkeit zum Himmelreiche berufen hast: Laß auch uns, o Herr, deine Barmherzigkeit in solcher Weise erfahren, daß wir durch die Verdienste deines allerheiligsten Leidens und durch die Fürbitte der seligsten Jungfrau Maria und aller deiner Heiligen in demselben Reiche mit allen deinen Getreuen und Auserwählten ewige Freude haben.

O Gott, in dessen liebreichem Erbarmen die Seelen der Gläubigen ruhen, verleihe gnädig allen deinen Dienern und Dienerinnen, welche hier und wo immer ruhen, Nachlassung ihrer Sünden, auf daß sie von allen ihren Schulden gelöst, mit dir in ewiger Freude leben. Durch Jesum Christum unsern Herrn, der mit dir lebt und regiert von Ewigkeit zu Ewigkeit.

A. Amen.

V. Herr laß sie ruhen im Frieden.

A. Amen.

Hierauf **ein Vater unser** für die Verstorbenen aus der Verwandtschaft des Kindes,

ein **zweites** für die übrigen auf diesem Gottesacker ruhenden Gläubigen,

ein **drittes** für denjenigen aus der Versammlung, den der Herr zuerst abberufen wird.

MONATLICHE VORBEREITUNG AUF DEN TOD

Das Allernotwendigste für den Menschen ist die Reinigung des Gewissens von der Sünde, namentlich der schweren Sünde. Hierfür hat Christus der Herr als ordentliches Gnadenmittel das Bußsakrament eingesetzt. Gehe so oft in den Nachbarpfarreien zur heiligen Beichte, als du kannst; denn so lange der Gebrauch der ordentlichen Gnadenmittel möglich ist, wäre es sträfliche Vermessenheit, in Erwartung außerordentlicher Gnaden jene zu vernachlässigen. Kannst du sonntags wegen des starken Andranges nicht zum Beichten kommen, dann ersuche den Priester, an einem Werktag deine Beichte entgegenzunehmen; er wird dir sicherlich deine Bitte nicht abschlagen.

Du mußt dich indes darauf gefaßt halten, vielleicht ohne Sakramente und priesterlichen Beistand sterben zu müssen. Für diesen traurigen Fall darfst und sollst du ein unbegrenztes und unerschütterliches Vertrauen **auf die Barmherzigkeit Gottes** setzen, wenn du bei Lebzeiten nach Kräften das Deinige getan.

Eine sehr heilsame Übung ist die monatliche Vorbereitung, oder der sogenannte „monatliche Sterbetag", wozu hier eine Anleitung folgt.

In jedem Monat wähle dir einen Tag, wo du dich für eine ganze oder eine halbe Stunde in dein Kämmerlein oder in eure Kirche zurückziehst. Stelle dir vor, dies sei dein letzter Tag, du müßtest noch heute sterben. Erwecke ein großes Verlangen nach den heiligen Sakramenten und sprich folgendes:

Vorbereitungsgebet

O mein Gott und Vater, der du in das Verborgene siehst und Herzen und Nieren durchforschest! Siehe, ich dein armes sündiges Kind habe mich in diese Einsamkeit zurückgezogen, um mich auf meinen Tod vorzubereiten. Vielleicht muß ich heute noch sterben. O wie gern möchte ich jetzt einem Priester meine Sünden beichten, um von ihm die Lossprechung zu erhalten! Wie gern möchte ich vor meinem letzten Ende noch einmal Jesum in der heiligen Wegzehrung empfangen! Ich weiß es wohl, daß ich diese große Gnade nicht verdiene; ich habe mich derselben unwürdig gemacht durch meine frühere Gleichgültigkeit gegen die heiligen Sakramente. Aber nun bekenne ich demütig vor dir meine Schuld und bitte dich bei der unendlichen Liebe deines Vaterherzens um Verzeihung. Da ich die heiligen Sakramente jetzt in Wirklichkeit nicht empfangen kann, so will ich sie wenigstens im Geiste und dem Verlangen nach empfangen. O mein Gott, unterstütze mich in dieser heiligen Stunde mit deiner kräftigen Gnade, und was ich durch meine Mißverdienste verschuldet habe, das mögen die unendlichen Verdienste Jesu Christi ersetzen, der für mich armen Sünder am Kreuze gestorben ist, damit ich das ewige Leben erlange. Amen.

Anrufung des Heiligen Geistes

Gott Heiliger Geist, komme zu Hilfe der heiligen Kirche und mir, dem ärmsten Kinde der Kirche!

V. „Komm, o Heil'ger Geist,
sende uns von oben
Deines Lichtes Strahl:

A. Komm, der Armen Vater,
komm, der Gaben Spender,
komm, der Herzen Licht.

V. Bester aller Tröster,
süßer Gast der Seelen,
Labsal mild und süß:

A. In der Arbeit Ruhe,
in der Hitze Kühlung,
in den Tränen Trost!

V. Sel'ges Licht, erfülle
du der gläub'gen Seelen
tiefsten Herzensgrund:

A. Ohne deine Gnade
ist nichts in dem Menschen
ist nichts ohne Schuld.

V. Wasche, was da schmutzig,
und was dürr, begieße,
heile, was da wund:

A. Und was starr ist, beuge,
und was kalt, erwärme,
leite, was verirrt.

V. Allen, die da gläubig
hoffen, gib der Gaben
heil'ge Siebenzahl:

A. Tugend gib im Leben,
Heil gib uns im Tode
und den ew'gen Lohn. Amen."

Ablaß von 100 Tagen jedesmal; † II. Ω.

Jetzt erforsche (nach der kurzen Anleitung beim Abendgebete Seite 26 oder nach der Ordnung der zehn Gebote) dein Gewissen, gerade so, als ob du im Begriffe ständest zu beichten. Prüfe dich besonders, ob deine früheren Beichten gültig gewesen; ob du Gott durch Todsünden beleidigt hast und wie oft; ob du wichtige Verpflichtungen, z. B. Rückerstattung des fremden Gutes, Schadenersatz, Aussöhnung rc. noch nicht erfüllt hast; ob du in einer freiwilligen nächsten Gelegenheit zur schweren Sünde dich befindest.

Auf die Gewissenserforschung folgt als wichtigster Teil dieser frommen Übung die Erweckung der Reue.

Erweckung von Reue und Leid

Wer seine Sünden aus bloß natürlichen Gründen (Schande, Strafe, Krankheit, Armut etc.) verabscheut, hat gar keine wahre Reue und erlangt von Gott keine Verzeihung.

Wer aus unvollkommener Liebe zu Gott, wegen der verlorenen Gnade und Seligkeit und aus Furcht vor der Hölle seine Sünden bereut, hat zwar eine übernatürliche, aber eine unvollkommene Reue, welche nur in Verbindung mit der wirklichen Beichte schwere Sünden tilgt.

Wer aber seine Sünden aus reiner vollkommener Liebe zu Gott bereut, weil er Gott, das höchste Gut dadurch beleidigt hat, der hat die vollkommene Reue, welche auch ohne den wirklichen Empfang des Bußsakramentes selbst schwere Sünden tilgt, wenn damit ein wenigstens eingeschlossenes Verlangen nach der Beichte verbunden ist.

Über dieses wichtige Lehrstück lies zuweilen nach im Lehr- und Trostbüchlein, Band I, „Gemeinden ohne Seelsorger" oder im „Ablaßbuch für alle Stände" vom gleichen Verfasser.

Findest du dich seit deiner letzten Beichte nur läßlicher Sünden schuldig, dann erinnere dich kurz an die zahllosen Sünden deines früheren Lebens und erwecke, wie unten folgt, die vollkommene Reue. Bist du aber seit deiner letzten Beichte in Todsünden gefallen, dann bete folgendes Gebet:

Reuegebet bei schweren Sünden

Allmächtiger, ewiger Gott, vor dessen Majestät Himmel und Erde erzittern! Ich elendes Geschöpf habe es gewagt, leichtsinnig und verblendet vor deinem heiligsten Angesichte zu sündigen und wissentlich dein heiliges Gebot zu übertreten. Ich habe wie ein Meineidiger und Treuloser gegen dich gehandelt, denn ich habe den Bund gebrochen, welchen ich in der heiligen Taufe mit dir geschlossen; ich habe das Kleid der Unschuld mit dem Schmutz der Sünde besudelt, meine Seele dem bösen Geiste zur Wohnung überlassen und dich aus meinem Herzen vertrieben. Ach! Wenn ich jetzt plötzlich sterben müßte, ich würde ewig verloren sein! Ich hätte keinen Anspruch mehr auf Seligkeit, denn alle Verdienste sind dahin. Meine Seele ist tot vor deinem Angesichte, weil sie das Leben der Gnade verloren hat; sie ist durch die Sünden überaus häßlich geworden, dir und deinen Heiligen ein Gegenstand des Abscheus. O mein Gott, in welch einen unglücklichen Zustand bin ich geraten! O, wie notwendig wäre für mich die hl. Beichte! Weil ich aber jetzt vor einem Priester meine Sünden nicht bekennen kann, so bekenne ich sie vor dir, o Gott, mit dem festen Versprechen, daß ich bei nächster Gelegenheit beichten und vor dem Priester mich aufrichtig über alles anklagen will, dessen ich mich jetzt schuldig finde. Aber ich kann so lange nicht in meinen Sünden bleiben! Nein, nein! Ich kann nicht länger dein Feind sein! Ich kann nicht länger ohne deine

Gnade leben! Heute noch, o Vater, mußt du mir verzeihen! Heute noch, ja noch in dieser Stunde mußt du mich wieder als dein Kind annehmen!

Barmherziger, ewiger Gott, habe Mitleiden mit mir und erbarme dich meiner! Durchdrungen von Reue und Schmerz, weil ich dich, meinen gütigsten Vater, so schwer beleidigt habe, werfe ich mich vor deinem Angesichte nieder und rufe aus dem Abgrunde meiner Sündhaftigkeit zu dem Abgrunde deiner Güte und Barmherzigkeit: Habe Erbarmen mit mir armen Sünder!

Durch das kostbare Blut deines vielgeliebten Sohnes bitte ich dich, himmlischer Vater, und flehe dich an, daß du mir meine Sünden verzeihen und mich wieder zu Gnaden aufnehmen wollest. Du hast noch keinen Sünder verstoßen, der sich reumütig zu dir wandte: Du wirst auch mich nicht verwerfen. Die Wunden und das Blut deines Sohnes rufen um Gnade, Maria, meine Mutter, fleht um Erbarmen!

Um Jesu und Maria willen verzeihe mir! Nie mehr will ich dich beleidigen, nie mehr von dir mich trennen, nie mehr deinem heiligen Willen entgegenhandeln. Für dich will ich von nun an leben, deine Verherrlichung sei mein Ziel im Leben und im Tode. Amen.

Gebet der vollkommenen Reue

O unendlich barmherziger Gott, siehe mich armen Sünder zu deinen Füßen gnädig an. Gedenke deines Wortes: „Ich will nicht den Tod des Sünders, sondern daß er sich bekehre und lebe." Mit zerknirschtem und demütigem Herzen bekenne ich vor dir: Vater, ich bin nicht mehr wert, dein Kind zu heißen! Ach, wer gibt meinem Haupte Wasser und meinen Augen einen Tränenquell, daß ich weine Tag und Nacht über meinen Undank und meine

Bosheit gegen dich, o höchstes Gut! Rühre du, o Gott der Erbarmung, mein hartes Herz und gib mir eine so bitterliche Reue, wie du gegeben der hl. Maria Magdalena, dem hl. Petrus, dem Schächer am Kreuze und allen heiligen Büßern. Laß mich meine Sünden so hassen und verabscheuen, wie deine unendliche Heiligkeit sie haßt und verabscheut! ....

Ja, es reuet mich und, so lange ich lebe, wird es mich reuen, daß ich dich, meinen gütigsten und liebenswürdigsten Gott, so oft und schwer beleidigt habe, besonders durch diese Sünden... (hier denke an deine Hauptsünden.) Diese und alle Sünden meines ganzen Lebens, bewußte und unbewußte, sind mir aus dem innersten Grunde meines Herzens leid, nicht wegen der Strafe der Hölle, welche ich verdient; auch nicht wegen der Seligkeit des Himmels, deren ich mich unwürdig gemacht: sondern ganz und allein aus Liebe zu dir, weil ich gegen dich, meinen liebevollsten Schöpfer und Erlöser, meinen besten Vater und größten Wohltäter, so treulos gewesen und deine Guttaten mit Undank vergolten habe. Meine Sünden schmerzen mich über alles, weil ich dadurch dich, das höchste, schönste und liebenswürdigste Gut beleidigt habe, der du unendlich gut, unendlich heilig, unendlich vollkommen und deiner selbst wegen würdig bist, zu jeder Zeit und von allen Geschöpfen unendlich geliebt und gelobt zu werden.

Siehe, o mein Gott, mein höchstes Gut! Jetzt liebe ich dich über alles, und ich will dich lieben in alle Ewigkeit. Möchte doch meine Liebe so groß und vollkommen sein, wie die Liebe Mariä, der Seraphim und aller Auserwählten im Himmel und auf Erden! Aus dieser Liebe beweine und verfluche ich meine Sünden. Ich wünsche, daß ich dich nie beleidigt hätte, und daß ich mit meinem Blut und Leben alle meine Vergehungen und Fehltritte austilgen könnte. Laß mich, o mein Gott und barmherzigster Vater, Gnade und Verzeihung bei dir finden, die ich von dir, durch Jesu Blut und Kreuzestod, zu erlangen hoffe. Ja, verzeihe mir! Vater, verzeihe deinem Kinde! . . .

Unter deinem Beistande nehme ich mir ernstlich und kräftig vor, meine Sünden zu beichten, mein Leben zu bessern und alle nächsten Gelegenheiten und Gefahren der Sünde sorgfältig zu vermeiden. Ich will lieber alles verlieren, ich will lieber tausendmal den bittersten Tod leiden, als dich, meinen liebenswürdigsten Gott, in Zukunft jemals durch eine schwere Sünde beleidigen. Aus Liebe zu dir will ich auch alle läßlichen Sünden nach Kräften meiden und dir alle Tage meines Lebens treu dienen bis in den Tod. Stärke mich dazu mit deiner Gnade! Darum bitte ich dich durch Jesum Christum, deinen vielgeliebten Sohn, unsern Herrn und Heiland, durch die allerseligste Jungfrau Maria und alle heiligen Engel und Auserwählten. Amen.

Du kannst auch noch die Litanei von der Liebesreue beten (Seite 28).

Merke dir noch diese Regeln:

1. Mit der vollkommenen Reue muß verbunden sein der (wenigstens eingeschlossene) Wille, die Sünden bei nächster Gelegenheit zu beichten, ferner ein wahrer Haß und Abscheu gegen dieselben und der feste Vorsatz, sie nie wieder zu tun, die Ablegung alles Zornes und Widerwillens gegen den Nächsten, die Flucht der Gelegenheit zur Sünde, die Ersetzung des zugefügten Schadens, die Wiedererstattung fremden Eigentums und guten Namens, soviel als geschehen kann.

2. Vergiß nicht, einen bestimmten kräftigen Vorsatz zu fassen, daß du besonders die und die Sünde ..., die und die gefährliche

Gelegenheit ... sorgfältig meiden und geeignete Mittel der Besserung anwenden willst. Erinnere dich an jene Mittel, welche dir der Beichtvater vielleicht schon wiederholt in ähnlichen Fällen aufgegeben, und brauche dieselben eifrig.

3. Lege dir eine Buße auf, sei es ein Gebet eine Abtötung, Fasten, ein Almosen u. dgl.

4. Findest du unerfüllte Verpflichtungen, z. B. Versöhnung, Rückerstattung, Schadenersatz, so bringe die Sache baldmöglichst in Ordnung.

5. Schiebe die Beichte nicht auf, namentlich, wenn du in schwere Sünden gefallen bist.

Nach der Reue übe die geistliche Kommunion. (Seite 49)

Gebet zum Schluß

O mein Gott und Vater, ich danke dir von Grund meines Herzens für alle Gnaden, welche du mir in dieser Stunde verliehen hast. Wohl bin ich ein undankbares Kind, ein großer Sünder gewesen. Aber ich vertraue, daß du mir um deiner unendlichen Barmherzigkeit willen und um der Verdienste Jesu Christi willen meine Schuld verziehen hast. Wenn ich jetzt sterben müßte, dann hoffe ich in dir einen versöhnten Richter zu finden. Wenn ich aber noch länger leben soll, dann will ich die jetzt gefaßten Vorsätze treu halten und auch bei nächster Gelegenheit zur hl. Beichte gehen. Vor allem aber laß mich nicht mehr in meine alten Sünden zurückfallen. Nein, o Gott! Wenn du voraussiehst, daß ich dich jemals wieder durch eine schwere Sünde (durch diese Sünde N.) beleidigen sollte, dann bitte und beschwöre ich dich bei dem heiligen Kreuze Jesu Christi, laß mich lieber in diesem Augenblicke in deiner Gnade sterben! Ja lieber gleich sterben, lieber tausendmal sterben, als dich, o höchstes Gut, jemals wieder so gröblich beleidigen. Amen.

Vater unser… Gegrüßet seist du…

„O Maria, die du ohne Makel in die Welt eingetreten bist, ach! Erlange mir von Gott, daß ich ohne Schuld aus ihr scheide!"
100 Tage Ablaß einmal des Tages

„Süßes Herz Mariä, sei meine Rettung!"
300 Tage jedesmal

„Jesus, Maria, Joseph! Euch schenke ich mein Herz und meine Seele. Jesus, Maria, Joseph! Stehet mir bei im letzten Todeskampfe. Jesus, Maria, Joseph! Möge meine Seele mit euch im Frieden von hinnen scheiden."
300 Tage jedesmal

„Heiliger Schutzengel, stehe mir bei im Leben und im Tode!" „O Engel Gottes, der du mein Beschützer bist, dem ich durch Gottes Güte bin anvertraut worden, erleuchte, beschütze, regiere und leite mich. Amen."
100 Tage jedesmal

Heiliger N., mein Namenspatron, und alle Heiligen und Auserwählten Gottes! O bittet, bittet für mich, daß ich von nun an eurem Beispiele treu nachfolge und recht bald durch einen seligen Tod mit euch im Himmel in der Anschauung und Liebe des dreieinigen Gottes auf ewig vereint werden möge. Amen.

Geistliches Testament

(Von Gesunden und Kranken zu sprechen)

Zu den Füßen deiner göttlichen Majestät falle ich demütig nieder, o allerglorwürdigste Dreifaltigkeit, und begehre aus reifer Überlegung mein Testament zu machen und dir meinen letzten Willen zu erklären.

Ich bezeuge hier vor dir und allen Heiligen, daß ich im wahren katholischen Glauben zu leben und zu sterben begehre und lieber mein Leben lassen, als einen Artikel dieses wahren katholischen Glaubens leugnen will. In der Form eines rechtmäßigen Testamentes vermache ich dir, o Gott, meinen Leib und meine Seele und übergebe mich dir in Kraft dieser Erklärung völlig zu eigen. Nach deinem göttlichen Willen begehre ich die übrige Zeit meines Lebens zu verwenden und in deinem heiligen Dienste mein zeitliches Leben zu endigen.

Es reuet mich herzlich, daß ich deine höchste Güte jemals beleidigt habe, und ich wollte gern mein Leben hingeben, wenn ich machen könnte, daß ich dich nimmer erzürnt hätte. Zur Verzeihung meiner Sünden opfere ich dir auf das Leiden und Sterben Jesu Christi, und zur Genugtuung meiner Schulden opfere ich dir auf die Verdienste meines Heilandes und aller deiner Heiligen und Auserwählten.

Ich bin bereit zu sterben, wo und wann es dir gefällig ist, und wollte lieber jetzt sterben, als wider deinen Willen noch eine Stunde leben. Ich erwähle mir keine Todesart, sondern bin bereit, eines solchen Todes zu sterben, wie du ihn mir zuschicken wirst, und will gern die Leiden meines Todeskampfes wie auch den Tod selbst aus deiner Hand annehmen als Buße für meine Sünden. Dies allein bitte ich, daß ich in deiner Gnade sterben und den schweren Anfechtungen im letzten Streite nicht erliegen möge.

Ich verlange auch, vor meinem Ende die heiligen Sakramente würdig zu empfangen und die hl. Ablässe zu gewinnen. Meine letzte Speise möge sein das allerheiligste Sakrament des Altars und meine letzten Worte sollen sein: „Jesus, Maria!" Meine letzte Liebe soll zu dir, meinem Gott, gerichtet sein, und mein letzter Seufzer soll dringen in das verwundete Herz Jesu. Amen.

NACHWORT

Lieber Christ! Der böse Feind wird dich wahrscheinlich auf allerlei Weise von vorstehender sehr heilsamer Übung abzuhalten versuchen. Er wird dir einreden, das könnest du nicht, du seiest dafür zu ungelehrt. Aber Gott verlangt nur ein demütiges williges Herz; das Übrige ersetzt er durch seine Gnade. — Oder er wird dir vorspiegeln, du habest dazu keine Zeit. Eitel Trug! Du hast ja für so vieles andere Zeit, und für das Eine Notwendige solltest du keine Zeit haben? Und wenn du keine volle Stunde erübrigen kannst, dann nimm eine halbe, und müßtest du sie dir auch am Schlafe abziehen. O, der Himmel ist das wert! Du brauchst nicht alle hier angegebenen Gebete und Erwägungen zu verrichten, wenn es dir hierzu an Zeit mangelt. Das Wesen dieser frommen Übung besteht darin, daß man im Hinblick auf den Tod sein Gewissen erforscht, Reue und Leid erweckt und einen bestimmten Vorsatz fasst. Frage dich: „Wenn ich jetzt sterben müßte, was würde mich dann wohl am meisten beunruhigen? Was würde ich dann wohl noch gerne tun wollen oder wünschen, daß ich es getan hätte?" Den an einem solchen „Sterbetage" gemachten Vorsatz, wobei man insbesondere die Bekämpfung und Ablegung seines Hauptfehlers sich vornimmt, erneuere man wo möglich jeden Morgen, brauche fleißig die Mittel zur Ausführung, und prüfe sich bei der nächsten Übung des „Sterbetages", wie man den Vorsatz gehalten hat. Wer lebend stirbt, wird sterbend leben!

Von demselben Verfasser ist in gleichem Verlag erschienen:

Gemeinden ohne Seelsorger,

Band I
Ein Lehr- und Trostbüchlein für römisch-katholische Christen

Es dürfte zurzeit wohl kein anderes Werk über den Ablaß existieren, welches so viel des Belehrenden, Nützlichen und Anregenden bietet, als das obige Lehr- und Trostbüchlein.
Dasselbe wird den Gläubigen in verwaisten Gemeinden ein willkommener Freund und Tröster sein, indem es viele wichtige Belehrungen (z. B. über das mit einer besonderen Verheißung für die Todesstunde begnadigte Skapulier vom Berge Karmel, über die Rosenkranz- u. Herz-Jesu-Andacht ect.), Gebete (über hundert Ablaßgebete) und Andachtsübungen enthält, sowie namentlich eine ausführliche und fassliche Anleitung zum Verständnisse und zur sicheren Gewinnung der heiligen Ablässe, dieser „himmlischen Schätze" (Konzil von Trient), welche ihnen wenigstens einiger Ersatz für die vielen andern Gnaden sein werden, die sie jetzt nach dem Verluste ihrer Priester entbehren müssen. Zugleich ist es ein vollständiges Gebetbuch und eine Tugendschule für das christliche Leben.

Bildnachweis von Seite 5: Urheber (shutterstock.com)

FSC
www.fsc.org
MIX
Papier | Fördert
gute Waldnutzung
FSC® C083411

Zeitfracht Medien GmbH
Ferdinand-Jühlke-Straße 7
99095 Erfurt, Deutschland
produktsicherheit@kolibri360.de